元脱脱等撰

宋史

第二三册

卷二三五至卷二三七（表）

中華書局

宋史卷二百三十五

表第二十六

宗室世系二十一

廣平郡王房

廣平郡王、
謚恭肅德贈深州團儀國公東陽郡太子右
隆練使承訓克勤公叔昂監門率
府率挺
之
安康侯太子右

羨之	內率府副率公尹				
	河內侯公剡	彥詵	致夫	時雍	
				時楙	
			敞夫	時伸	
				時俊	
				時价	
		彥許	杲夫	時颺	若功
					若勳
			敎夫	時震	
				時奕	若谷
			敏夫	時詧	
				時諶	若孟
					若曾

三班奉職公綽　右侍禁公炤　三班奉職公繹　秉義郎公煥

彥淵

敵夫　攸夫　牧夫　玉夫

時謹　時飛　時猷　時睦　時麟　時鳳

馮翊侯藏之
贈忻州

公煒
承信郎公炳
清源侯公鉉
太子右內率府副率公繪
三班奉職公適
承節郎公泰
太子右

時選

團練使　勞之　文安侯千之

內率府副率公槐　太子右內率府副率公琇　左侍禁公爕　修武郎公望　武翼郎公純

彥誠　彥孟

挺夫

時譽　時繹

若珏

		承節郎彥堪	立夫	時諤	
	公紹	彥增	訓夫		
			潁夫	時詡	
				時訦	
			志夫	時諝	若璟
					若璲
					若瑀
贈萊州團練使聽之	秉義郎公圭	彥文	綷夫	時受	
			總夫	時舍	若充
					若允
				時得	
			綑夫	時萬	
				時億	

						保義郎公麟	承節郎公焯					
				彥行	彥忠		彥裔					
			悖夫				凱夫					
時秭	時珽	時成	時陋				時懌	時嗣	時登	時惠	時指	時怙

		贈湖州觀察使抗之	監門衛大將軍政之	贈武節郎用之				
	公畀	右班殿直公素	右班殿直公直	公彥	修武郎公永			
彥泰					彥恳		彥晟	
					鍔夫	鏻夫	鎰夫	銚夫
							時演	

贈右金紫光祿大夫順之

左朝議大夫公權　左朝請郎公爟

彥衡　彥衢　彥衜　彥何

鑑夫　規夫　現夫　渙夫　亞夫　相夫

時餉　時鋼　時戀　時德　時定

								時亨				
							政夫					
							智夫					
						彥參						
						彥垍	弼夫					
							光夫					
							鑒夫					
							銓夫					
							鉅夫					
					右承議郎公驌							
					武翼郎公懽	彥端	川夫					
							倞夫					
							俓夫					

			贈從義郎貫之									
		承信郎公翼	忠訓郎公恪									
彥靖	彥竦		彥匰					彥器				
	信夫			掖夫		掀夫	杋夫	安夫	寬夫	宏夫		寅夫
				時諫	時諭	時雍	時昌		時英	時亨	時亮	

昇之
成忠郎珣之

承節郎公悌
贈朝散大夫公恬
承信郎公辛
承信郎公意

彥敏
彥政

敞夫
弢夫
斆夫
敵夫
敉夫
斂夫

右班殿直叔載
太子右內率府副率叔幸
太子右內率府副率叔齊
太子右內率府副率叔

承信郎公奇

璣

彭城郡公叔愷

太子右內率府副率倚之

建安侯澄之

成忠郎公謹

彥俊

彥強

潤夫

三班奉職元之

右班殿直潤之

左侍禁道之

三班借

濟南侯克儉

太子右內率府副率叔旃　贈右監門衛大將軍叔璉

職湛之　修武郎誠之　武經郎辯之

保義郎公晦　贈奉直大夫公彥

彥肅

似夫　任夫

										承信郎	公誠	修武郎	公績	贈武翼
			彥楛			彥禔		彥由	彥棨				彥斌	
佳夫	倜夫	脩夫	值夫	岳夫	化夫	秬夫	賨夫							

郎公質												成忠郎	公璧	忠翊郎
彥端				彥蒟				彥睞	彥竦		彥澄			
忻夫		卿夫	易夫	顥夫	禧夫	祐夫	論夫		沖夫	澄夫				
時璋	時錫													

										彭城侯	叔澣	
					秉義郎	渙之				東平侯	仰之	贈右屯衞大將軍應之
公弼	從義郎	公顯	保義郎	公璽	承信郎	公訓	公詵	公謂	公佐			
		彥侊										

文安侯旬之													
左班殿直公著													
彥顏													
傃夫									俁夫			明夫	
時遷	時通	時夏	時丕	時貢	時逑	時逖	時遵	時邁	時萬	時二	時平	時巨	時霑
若訓									若諟				

							敏夫		
					贈武節郎公岳	彥愈	質夫	時舉	
							䁥夫	時許	若畀
								時誨	
								時說	
								時寧	
								時隆	
								時政	若安
									若慶
									若定
								時臣	
							賁夫	時恭	若先
								時鈞	
								時階	

									右千牛衞將軍叔啓
					武翼郎成之				
					公譽	公耻	承信郎公定	承信郎公寧	
彥賢			彥忠						
賚夫	膺夫		瓚夫	貢夫					
	時苻	時肅		時用					
		若磐							

左侍禁克醞
彭城侯克孚

右領軍衛將軍、賜進士及第叔歆
右衛率府率叔猗
高密郡公叔建

武衛大將軍、榮州防禦使捐之

左班殿直公允
右班殿

		千牛衛將軍田之	武德郎履之						
直公闢	公闔	三班借職公式	承信郎公繹	忠翊郎公綷	秉義郎公綷				
					彥麒				彥麗
					仁夫	仍夫	信夫	伋夫	琄夫
									時佇

								武德郎祐之			
							承信郎公纘	三班借職公代	承信郎公綽		
		彥麗				彥慶			彥昭		
		瑢夫	瑜夫	璉夫	珹夫	儼夫			富夫		審夫
時份	時佺								時讜	時識	

			客夫	
			宮夫	
			逮夫	
鼏之	秉義郎贈武經郎公逺	彥嘉	倜夫	時琮
			仕夫	時抑
				時措
			儒夫	
		彥磊	佪夫	
			侲夫	
			僘夫	
			倬夫	
			伾夫	
			仇夫	
		彥垚	禼夫	

		臨安侯叔肸	博平侯叔樂							
			秉義郎輔之	贈武節郎翼之						
				承節郎公升			承節郎公曇			公黽
				彥給			彥僚			
晰夫	窸夫			軌夫	輜夫	軓夫	悆夫		意夫	
							時施	時辯		
								若祉		
								嗣謌		

				廣平侯叔曹				
		右班殿直直之	右班殿直得之	東頭供奉官器之	修武郎濤之			
公晨	公昂				承信郎公壽	忠翊郎公慶		
						彥玩	彥輷	彥珽

			彥化		
			彥柬	瓚夫	時輅
		公訴			
	保義郎				
	盈之				
	永之				
	成忠郎承信郎				
	從之	公沂			
	從義郎				
	道之	公雋			
	忠翊郎				
	和之	公沂	彥儒		
			彥斌		
河內侯	左侍禁				
叔遂	明之				

經武郎齊之													
公設							公諲						
彥遵							彥貫						
潛夫	濬夫	浹夫					芭夫						
時棟		時潤					時霖		時霫		時靄	時囊	
若淏		若岱	若喈	若嘌	若嵒	若昆	若鈁	若鎌	若珌	若秩	若琫	若枇	若柞
							嗣賓	嗣㝑		嗣仟			

	公謌													
彥賨	彥泰													
	庇夫													
	時僾			時維										
	若楈	若柝		若榕				若梅	若槤	若櫛	若櫼	若寬		
		嗣鏈	嗣祉	嗣僙	嗣侃	嗣侑	嗣俱	嗣仿	嗣佺		嗣鐗	嗣寧	嗣寶	嗣安
														次宏

											公許	公諝		公諮
										彥春		彥昭		
												逆夫	竑夫	
							時愿	時致				時偹	時賜	
	若雄				若遂		若浙	若瀛	若沛			若濰		
嗣定	嗣佳	嗣寶	嗣信	嗣倀	嗣達	嗣遵		嗣萁						
次寔	次懽													

			奉化侯	叔翑										
			秉義郎	說之										
公訢			保義郎	公𠈌										
彥博	彥浮			彥濼		彥湜			彥濟					
珍夫	臺夫	霖夫		顏夫	顒夫	顗夫			頒夫	顧夫		頡夫		
						時數		時𢻱		時鐶		時憲	時𢡟	時態
						若嵲	若嶜			若嵫	若伃		若根	

	承節郎	公祐	承節郎	公佾										
		彥沂		彥洄					彥淵	彥葆				
				緻夫			卺夫	介夫		碩夫	芮夫		鄠夫	
時愬				時昇		時昺				時暐	時瞰	時暇	時昳	
				若杤	若楅							若樺	若胏	若祵

										武經郎	𥁕之		修武郎	
											公源	公澤	承節郎	
				彥㞋					彥懿					
				越夫		盅夫	快夫							
		時曬		時曖	時晐	時暕		時景	時晛					
若𥙷	若𥜌	若𥙫	若祫	若禔	若剢									

諤之							諫之					
公侃							公俊	忠翊郎公燧	武翼郎公退			
彥定	彥寧							彥止	彥汭			
轍夫	雅夫	楚夫	瑶夫					柄夫	鋼夫	釗夫	鑅夫	鈥夫
			時逭		時遈			時□	時晊			時枇
			若佋	若傍	若傑	若仍						

	彥溥		
	彥淑		
	彥泌		
	彥淳		
	彥落	湨夫	時資
			時贇
			時員
			時賀
		煊夫	
		熰夫	
	彥濤		
	彥棟		
	彥榦		
成忠郎			
公淇	彥澧	堙夫	

			右監門衞大將軍叔過									
			武翼郎申之									
		公勝	公義									
	彥濟	彥臣	彥竑									
塡夫			夵夫									
			時闡	時訢							時上	
			若漢	若瀏		若汃	若涔	若渚	若濈	若淝	若澭	若瀞
			嗣絧	嗣桋	嗣松	嗣橓	嗣柛		嗣檳			

	宧夫	時愈	若晦	嗣柄
				嗣擇
				嗣搖
		時宗		
	宥夫	時實		
		時濠	若佐	嗣琛
				嗣珤
		時湎		
		時涝	若柏	
			若楷	
		時湑	若燦	
			若烸	
		時杠	若付	
			若僎	
彥竚				

公善　彥証　鄺夫　時泗

公義　彥謚　時漌　若梧

若橏

嫫夫　時玗　若壂

時昆　若輢

懩夫　時愕

時移

右侍禁

□之　忠翊郎

修之　承節郎

行之　成忠郎

		南陽郡公克懋			
太子右內率府副率叔齋		安康郡公叔頫			
循之	承節郎衍之	馮翊侯涗之		清源侯耨之	
		三班奉職公連	左班殿直公元	修武郎公袞	修武郎公立
					彥文

贈承義郎公舒							贈朝議大夫公	彥	
彥夔								彥和	彥禮
鏕夫	普夫	悳夫							翼夫
		時渼		時溓					時竿
		若桵	若棬	若萘	若楣	若梱	若[illegible]	若樿	若珗
									若玻

	⿰言口夫			⿰言利夫							
時孛	時庲		時庠	時扃	時力	時勣	時勸	時効		時扐		時勢
	若玢	若玥	若仜	若璽				若偙	若倈	若俙	若偭	若俁	若璩	

			武節大夫宥之							
			朝散郎公惠	成忠郎公愿	公思	成忠郎公懃	忠翊郎公意			
		彥祁					彥椿	彥模		
誼夫								涌夫		
時遽	時遫							時瑤	時瓔	時環

												惠國公	叔紇	
												北海侯	揖之	
												三班奉	職公安	秉義郎
		敢夫		涘夫	準夫			澳夫	溓夫					
時琮	時瓘	時廼	時邏	時迗	時僟	時仞	時侑		時谿	時釪	時鑒			
			若游											

公榮忠翊郎
公福修武郎
公富
彥益
傾夫
彥石
秉義郎
公儀秉義郎
公喜保義郎
公宏承節郎
公博
彥德
彥端

													保節郎	公寶
彥幸														
嘉夫						昌夫		麟夫						
時硂			時鎡	時鏁		時琪	時瓏	時鏜			時鍊	時愛		
若嵩	若㞷	若嵐	若峮	若懌	若悅			若浮	若澗	若潞				

淮陽侯叔郇

西頭供奉官喜之　忠訓郎寧之　左班殿直勝之　贈右朝奉郎澤之

保義郎公祐　公壽　贈中大夫公旦

彥弼　彥名　彥端

威夫

時俌

若榜

嗣礽　嗣禋　嗣禭

											承節郎	公奭		承務郎
		彥超	彥靖	彥竢						彥竦		彥魚	彥思	
				立夫					傈夫					
時玾	時瑨			時瓛										
				若嵩	若巘	若巖	若崚							
				嗣迪	嗣邃	嗣滑	嗣濯	嗣泓						

			忠翊郎	左之	忠翊郎	約之	成忠郎	譔之		承信郎	稽之	成忠郎	貫之	
公高				公原				公晶	公敎			秉義郎	公隱	
彥㚇	彥韶	彥棐											彥端	彥柔
		晅夫												
		時儂												
		若燗												

						彥犨	龐夫		
							厲夫		
				贈朝議大夫禮之	承義郎公逮	彥憼	鄒夫	時墇	
								時墰	
								時垕	
						彥槖	郇夫		
							僧夫		
							傔夫	時徎	若鐖
									若鉈
							僁夫	時泊	
					朝散大夫、直祕閣公迴	彥璒	繄夫	時塼	

											公迣			
					彥珂						彥慧		彥順	彥宗
			榘夫	素夫	頤夫	屋夫				墅夫	洴夫	預夫	玒夫	瑒夫
時嶟	時嬬	時珹				時勵	時勁				時鐈		時涅	時僤
		若鑒				若潛	若像	若儷	若住					若湊

左班殿直叔負　左班殿直叔敎

從政郎節之

彥敏　彥孜　彥玲

瑑夫　攸夫

時鶩　時原　時屚　時嚴　時逐　時迵

若□　若涵　若漊　若汎

潁川郡王房

潁川郡王、謚安簡德彝											
	廣平侯承矩										
	光國公克廣										
	建國公叔亞										
	安康侯報之										
	右班殿直公恕		贈中奉大夫公烝								
					彥孟						
					充夫						
					時綬						時聲
					若暲			若琮	若璣	若琦	若璜
					嗣顥	嗣顒	嗣順				嗣顯

華陽郡

公惠
從義郎
公憲
右侍禁

彥韓 彥荀 彥莊

仁夫

時牧 時稷 時敎

若琅 若瑕 若瑞 若璪 若瑄 若鉏

嗣約 嗣紹 嗣纓 嗣綸 嗣綉

公學之	公瑾					
	右侍禁公瓘					
	贈武德郎公璨	彥古				
		彥國	訬夫	時及	若沄	嗣琨
						嗣瑛
						嗣瑾
					若沂	
				時適	若洤	嗣琪
						嗣珹
					若涂	
					若洽	
				時蓬	若汴	

									清源侯	導之				
									承議郎	公揆				
										彥佾				
偁夫							侔夫	堯夫		瑭夫				
時榮		時豫		時倚		時忲	時楝			時儗			時价	
若靂	若霆	若珷	若璲	若琿	若珒	若譚				若金			若蒼	若石
										嗣清	嗣溥	嗣洽		

瑜夫	時修	若塾	
		若鳳	
		若虎	
		若麟	嗣復
			嗣澈
			嗣淯
			嗣濬
	時傅	若哲	嗣錦
		若彪	
		若倫	
		若辯	嗣夔
		若嶧	嗣誼
班夫	時邁		
	時遇	若諿	嗣祺

彥游														
璘夫						珣夫								
時儀	時友					時父				時迄		時遡	時速	
若德				若猛		若檝	若註	若謳	若訵	若謗	若講	若讕		若誋
嗣謙		嗣淵	嗣業	嗣燾	嗣祥	嗣普								

										嗣諆		
							理夫	時俶	若介	嗣紳		
										嗣纘		
										嗣縉		
							轀夫	時權	若鑒	嗣陞		
									若疇			
								時濟	若和	嗣炳		
										嗣炤		
									若荃	嗣鈞		
										嗣鍾		
										嗣釭		
										嗣鉽		
									若仁	嗣琰		
									若見			
								時欽	若虞	嗣賓		

								武德郎	公擬					
									彥皋	彥回				
		玗夫					玖夫			嚴夫				森夫
		時証			時證	時訪	時炳			時爇		時翻		時芳
		若林	若舟	若登			若火			若楠	若杜	若瓌	若瓆	若諄
嗣賓	嗣賨													

										溥夫				
			時著					時薪	時蓁	時劭	時偃			
若謹	若記	若證	若該			若訴	若諧				若讚	若調	若譯	若諒
嗣珂			嗣璋	嗣璝	嗣瑋	嗣琉								

														忠訓郎
		彥齡									彥稷	彥契	彥說	
		瑩夫												
	時佚	時億		時佋					時偉					
若譢		若法	若灝	若濬	若湣	若潒	若瀧	若泜	若瀕	若弭				
				嗣適										

公振		忠訓郎公捘									武功郎公拯	
彥純		彥紹									彥革	彥芹
巽夫	□夫	璡夫					琦夫					枘夫
		時倣		時傒	時僉	時企	時倜		時僼	時俏		
		若泳	若涇	若泓		若潕	若溥	若濰				

								武翼大夫約之				
								修武郎公迪				奉議郎公邁
彥芾	彥茀				彥芝	彥苹	彥芥	彥仇		彥儒	彥伸	彥傑
	栒夫	楬夫		祀夫			栘夫	顯夫	頊夫			
	時瀓	時溠	時溫									
	若珎											

從事郎公適	從事郎公适	忠訓郎公迅									
彥俊		彥偲	彥侔	彥暹	彥侃	彥儅	彥儀	彥僖	彥儹		彥僑
									愨夫	慝夫	傾夫

			公遠	承節郎	公遲								
		彥倭	彥僩		彥倜								
頎夫					詠夫	誘夫	俀夫	俯夫	傔夫	倘夫	傯夫	儂夫	
時寗	時賓					時玢		時璪				時璬	時璁

				忠訓郎	經之								
	公遹	公逸		左儒林	郎公弼								
		彥僙	彥做		彥弤	彥軾							彥斌
		蝢夫				介夫							
時瓌						時秀	時煥						
							若文	若瀓	若潤	若鎜		若格	
										嗣濆	嗣潤		

成忠郎公幵											公喆	公兟	公朋
彥倖													
履夫							泰夫	蹇夫					
時紳			時紀	時紹			時萃	時芳	時□	時珌			
若址	若壦	若塘	若埈	若增	若□	若埭		若⿰土憂	若瀴	若稽			
				嗣⿰金卿	嗣⿰金㬎								

			昌國公叔萌				
			太子右監門副率艮之	太子右監門副率亭之	左班殿直繹之	承議郎緝之	
公从	公玨					二班奉直〔三〕公術	秉義郎公衡
彥仁	彥回	彥齡					彥文
							訓夫
							時瑽
							若時
							嗣瀴

濟陽侯

左班殿直繹之　武經郎緈之

成忠郎公默　修武郎公術　左班殿直公術

彥俊　彥修　彥傅　彥遒

召夫

時俱

若呐　若鐏　若鑣　若錪

嗣淮　嗣泥　嗣浰

叔定	崇國公叔蘭												
	贈左領軍衛將軍衷之			贈武節郎袞之									
				武翼郎公元									
					彥良								
					菲夫			覵夫	章夫				
					時博		時懷		時悰	時愐		時憬	時懽
					若猷	若康			若實	若賓	若寀	若宿	

			公卞	秉義郎	公度	秉義郎	公龐							
彥仲	彥价						彥适	彥遠	彥惻					
曾夫	繼夫	嶤夫							俅夫				僑夫	
	時冕	時穃							時蕒		時葆		時瑛	時僊
	若璘								若現	若琿	若瑋	若瓊		若悏

				左侍禁袞之	秉義郎袠之					
	公慶	公爽	公稟		秉義郎公彥	承信郎公庠	武翼郎公寄			
彥涉					彥髡		彥鬢		彥髦	彥髣
論夫							許夫		瀣夫	愍夫
							時使	時仳	時溺	時洛
							若樸		若柳	若杼

				時浙		
				時浘		
		彥髦				
		彥彩	保夫			
			忞夫	時沵	若樿	
					若棣	
				時汎	若樫	
			鋈夫			
			踕夫	時澥	若棨	
					若梁	
		彥鬆	遐夫	時榍		
褒之	敦武郎贈武義郎公廉	彥樓	訐夫	時禾	若玒	嗣活
					若鑲	
				時焌	若漋	嗣鋅

						時瀹		時煒		時炤				
		若深	若沃			若潚	若溱	若昝	若汥	若泝			若涑	若漨
嗣鉊	嗣琫	嗣鏠	嗣鐏	嗣鍔	嗣鍱		嗣質			嗣班	嗣瑯	嗣珍		

從義郎褢之　贈正奉大夫褏

承信郎　公康　公廙　公沂　公濟　公沛　右修職

詡夫　諏夫　諦夫

時邀　時遞　時㻑　時圭　時宭

若硂　若𥖄

之	郎公鷹	彥莘	牛夫	時申	
				時侔	
			羔夫	時脩	
				時僊	若徃
			鸞夫		
			虎夫	時驤	
		彥阜	龍夫		
		彥孔			
		彥芈	駭夫	時壥	若儔
					若候
			騤夫	時躍	
				時趾	
				時踐	
	修武郎公厲	彥斗	鎔夫	時滌	

										公廓	公廈	朝議大夫公廙	
							彥覃	彥革	彥阜			彥翬	彥中
			鎬夫	鐩夫			釦夫						補夫
時瀏	時泌	時湉		時漄	時淇	時瀧	時灆						時游
					若愿								若栅

			濟國公克彰
	河內侯叔禽	太子右內率府副率叔疾	太子右內率府副率叔縚
	太子右監門率府率措之　左侍禁孝之		武節郎靖之
			公勉
若梲			

高密郡公叔標
太子右內率府副率邇之
右監門衞大將軍、忠州團練使嵗之
修武郎公誌
秉義郎公詔
武翼郎公諫
彥璣
彥忠
岩夫
席夫
時俊
時駣
若泩
嗣[illegible]
嗣拂

彥輔														
		康夫											庫夫	
		時屋	時彌		時瑾							時寬	時砎	時驗
	若⿰金非	若錝	若⿰金余	若鍉	若鋒	若鋁	若鍽	若銑	若錠	若鑄	若瓛	若璝	若淶	若漾
		嗣滲	嗣濱		嗣漻						嗣楫			

	忠翊郎	公詳	武經郎	公邑										
彥弼				彥葵										
嗇夫				環夫			瑄夫							
時萬				時全	時佗	時儲	時俠	時荐					時芰	時藹
				若掄				若霰	若雩		若露	若霤	若霈	若霦
									嗣課	嗣讙	嗣詡			

右侍禁謩之

修武郎溫之

忠翊郎閭之

秉義郎桀之

公說

公諫

公誦

時茇

時蒨

若霄

欽國公	叔完				
太子右內率府副率碁之	太子右內率府副率推之	博平侯			
公逢	公宜	公載	公蠡	公仝	武節郎
彥環	彥俱				

				傳之	公淵	彥椿						
						彥松						
						彥檜						
						彥槱	旦夫	時宜	若城			
							撝夫	時燧	若射			
						彥枝	鄰夫	時凝				
							潧夫					
					成忠郎公澤	彥周						
						彥呂						
					公琮							
					公珪							
					公琥							
					公琪							

		公瑾
		公璨
	西頭供奉官僊之	公律
	西頭供奉官僅之	
宣城侯叔鄰	從義郎伯之	公榮
	右侍禁作之	
	左班殿直俅之	
	忠訓郎	秉義郎

儇之	公政			
敦武郎倞之	公璇	彥賢		
宣教郎隆之	公軾	彥璁		
		彥瑮		
敦武郎保之	成忠郎公鍠	彥漓	傳夫	
			琨夫	
信之	承信郎公敏	彥沖	歙夫	時彌
			圜夫	時漣
				時滋
				時[illegible]

若欋

							公敫							
							彥冉		彥洧					
	鍸夫	確夫	勀夫				讀夫		輯夫				韓夫	
時櫳	時椃		時賓	時□	時藟	時棨	時薄		時瀷			時磻	時洲	時碤
			若偓					若棃	若稽	若薔	若香	若璲		

贈武翼郎似之											
承信郎公質	武翼郎公詵								武經郎公庚		
	彥洌					彥潚	彥湅	彥潛	彥濛		
	芣夫	棐夫			棠夫			槶夫	牟夫		嚋夫
		時默	時熹	時燾	時焄				時渟	時沂	時惪

		岳夫	時鄱	若洙
			時鄹	
	彥淹	猳夫		
		鉠夫		
	彥湛	爽夫	時譁	
			時璀	
			時琤	
			時瑛	
		篤夫		
		柞夫	時瑚	
	彥緝			
	彥海			
武翼郎				
公㬎	彥液			
	彥河	導夫	時孫	

							彥洪							
	頙夫			櫂夫	柎夫	檝夫	稡夫	參夫			虒夫			寔夫
時⿰王斤	時霺	時霤	時霨			時陼	時鍰	時藥	時蕙	時栄	時錠	時釭	時錀	時璍
						若僣								

信都郡公叔麾

忠翊郎仕之　忠訓郎清之

公逵　公份　保義郎公彥

彥漵　彥悅　彥兢　彥謂　彥語

衕夫　盤夫　禹夫　榦夫　榙夫　衎夫　遺夫　迓夫

時玅　時悚　時瑥　時宙

若沅　若瀗

			忠訓郎	淨之										
			秉義郎	公謙										
				彥廉			彥毫	彥庪	彥廙					
		迭夫		頤夫	濡夫	深夫			輝夫	暢夫	輻夫		載夫	
									時鋈		時爊	時駟	時滑	時灤
若洩	若皓								若顥				若檽	

				訓武郎	公謐									
	彥庚				彥秘	彥禕	彥枝			彥禰			彥械	
輕夫	勷夫	輅夫	崑夫				緂夫	稔夫	稠夫	緈夫	逞夫	迣夫	效夫	徹夫
			時玝						時鈄					

				冰之				
				忠翼郎泳之				
				承節郎濬之	公醇			
					承信郎公醴			
				武翼郎滌之	忠訓郎公酢	彥江	惿夫	時溉
							瞛夫	時服
								時梯
						彥春		
					武經郎公綸	彥新		
						彥寧		

										公盱				
彥廬	彥巂	彥褎	彥衡	彥調		彥該	彥褒		彥文	彥佼	彥感	彥潛		
		秉夫		穠夫			亹夫	底夫			琥夫	祿夫	禰夫	襔夫
		時鎛		時炢	時熛						時荚	時衎	時徹	

成忠郎公猛　公廣

彥坦　彥縱　彥譖　彥征　彥鄞　彥部　彥鄘　彥鄂　彥郥

鈷夫　鋇夫　鋸夫　鈕夫　鈒夫　鎘夫　鑗夫　鑣夫

承節郎	公璜													承信郎
	彥渙		彥瀏		彥洞				彥浹			彥湝	彥瀿	
	㻋夫	釿夫	僑夫	佛夫	櫨夫	欄夫	稔夫	擬夫		玲夫	琜夫	梶夫	瑓夫	

濟國公左班殿直祚之 叔尊

公春 公才 公弼 武德郎贈宣教郎公亮 立之

彥鏘

慄夫 恬夫

時淌 時俙 時倧

若鑑 若鑪 若錦 若偲 若倕 若伸 若傂 若佴 若徯 若僡

							彥瑜	彥球						
			侚夫			健夫		辯夫						
	時侅	時儴	時儹					時信			時忠			
若徽			若垷	若端	若垎			若鼎	若頤	若泰	若益			若震
									嗣光	嗣先	嗣愈	嗣全	嗣企	

彥瑀														
		造夫												
	時依	時祐				時樂		時仔			時制			
		若釗	若詸	若諼	若謐	若誠	若訦	若誂	若巽	若壯	若臨	若蒙	若孚	若覯
										嗣佟	嗣佑			

							襄之	秉義郎	直襲之	左班殿				
				公諭	公謹	公詢	公誼					公覺	保義郎	
			彥旨	彥旺								彥玘		彥瑋
仢夫			逵夫									虆夫		
時珞	時謠	時垚	時瓗									時開		
											若僕	若格		

太子右內率府副率叔漸	濟國公叔峙						
	三班奉職補之	朝請郎進之					
		公望					
		彥燁	彥子	彥孝			
				熙夫			
時洳				時悆	時忐	時惡	時憃
					若驌	若駟	若驎	若騂
						嗣徲		

				右從政郎公純									
				彥弼	彥輔								
庚夫	熹夫				貫夫					秀夫			
時願	時頒	時顧	時頡		時昇	時鎔				時起	時銓		
若瞻						若澧	若渼	若灝	若温		若濇	若澡	
											嗣租	嗣賓	嗣筵

											保義郎	公悅		
						彥佐						彥潔		彥潛
			馨夫	譽夫		恫夫				隕夫		歆夫	謍夫	
		時鉅		時琠	時璛	時恕		時惻						
若漎	若濃					若篪	若鈌	若鑒	若壇					

		左中大夫縱之									
		宣義郎公衍	儒林郎公衎							從事郎公衡	
彥淞	彥潼		彥顒							彥點	彥直
鐃夫			莊夫	襄夫	裕夫	雄夫	甈夫	正夫			
時璸								時鍮	時桊		
								若稽	若攃		

								修武郎廷之		通直郎在之		
								保義郎公瑑	公璋	公賢		
彥櫅	彥弼	彥仁		彥勳	彥熙	彥默	彥黝			彥稜		
		通夫								潪夫	儆夫	
		時珴	時現								時衢	時伽
												若櫰

			宣教郎	緝之	武翼郎	素之					修武郎	竦之	右從事	郎彭之
		公衡		公贊		公岫	秉義郎	公孚					保義郎	公頒
		彥俊		彥廊				彥奮						
		達夫						鑒夫	□夫	鐖夫				
	時僕	時瓅						時[illegible]						
若票														

			紘之	翊之	牧之									
公顏		公頫			公術	公瑢								
彥祝						彥蠡		彥旌				彥鐸	彥颺	
保夫						寶夫	凝夫	逯夫	的夫		民夫	彪夫	盼夫	
時侉							時奎	時淤	時瓖	時膺			時衜	時循
若[illegible]	若曣							若窠	若禮					

濟陽侯	叔稠														
	翼之	承節郎	佐之	武經郎	佑之										
				忠訓郎	公洋										
					彥側	彥珗			彥瑅				彥璩		
鈗夫							霽夫	霔夫	逦夫	遻夫	篷夫	鍋夫	鈺夫		

											仰之			
					公洙	承節郎	公洄	公浩	公淳	公源	公濤				
彥瓓	彥傍										彥英	彥濠	彥傑	彥雋	彥埬
鑾夫	釜夫	釡夫	鋈夫												鐱夫
	時𣝗														

吉國公克紹			
左班殿直叔倓	東頭供奉官叔虹	太子右內率府副率叔續	
公沔	公濆	公濛	
彥璪			
銻夫	鏇夫	钃夫	戇夫

贈保信軍節度觀察留後叔泊					崇國公叔寓							
	敦武郎載之	承忠郎蚤之			北海侯必之							
			公輔	公弼	贈中大夫公覎							
						彥邃						
						養夫				攷夫		曒夫
						時夂	時夂			時俯	時遂	
						若谷	若樸	若棶	若栐			

彥遠	彥逃								彥逸					
	默夫			郕夫					共夫					
	時謙	時績	時倈	時學				時儼	時價					
			若玑	若超	若瑁	若⿰王孱	若玢		若一					若池
									嗣震	嗣垚	嗣垓	嗣墇	嗣墉	

從義郎公暕　三班奉

彥選　彥遜　彥逄　彥逢

訦夫　惠夫　慹夫　懃夫　廣夫

時倂　時預　時利　時滋　時集　時恂　時予　時向　時衍

若巂　若瑚　若珉　若煃　若誦

	贈武德	大夫識	之											
職公暐		贈太師	公照											
			彥迋											
			俔夫	僐夫		儆夫				傴夫	僝夫	僎夫		
				時柄	時杖	時談	時謐	時譔	時畬		時鍶	時鋸	時鉦	時鎮
						若塱	若璐							

	彥逾														
	笈夫										篋夫				
時錄	時侑					時份	時僑	時倓	時佺	時侐	時儔		時倛	時俓	
	若坡			若堉	若埏		若垂			若墉	若譚	若諮		若詎	
	嗣訢	嗣樅	嗣樋				嗣楙								

						彥逕								彥送
			築夫		筬夫	斁夫	徹夫	敖夫			敎夫			儭夫
時伎	時儡	時像	時份			時珝		時珪	時珏	時琖	時璘	時琦	時琡	時琫
			若瓘	若琰					若鏟	若鈔		若鏑		
			嗣練											

										彥□	彥迁	彥逘		
		俄夫		僢夫	倅夫				侵夫			篪夫		
時璐		時穌	時亘	時漙	時讙		時諏	時詳				時璹	時瑫	時堊
若壥	若垤				若[illegible]	若瑯						若[illegible]		

												誨之		
			武節郎公時							公昉	武德郎贈承議郎公昕			
		彥遠		彥逮				彥導				彥通		
筌夫	笱夫	侵夫		倣夫	儆夫	榁夫		垒夫	屋夫			滂夫		
時琁	時塈	時溓				時僎	時仿					時穮	時秩	
	若畹	若墂				若玫	若珃						若埉	若坐

	彥迎							彥迵					彥迨	
	渭夫				浞夫	滐夫	灊夫	汛夫		淇夫	湋夫	減夫	濊夫	
	時擇			時机	時楗	時檖	時握	時摫	時掄	時捡		時拯	時俄	時俾
若埻	若愿	若懇	若惠			若悉								

時倖			
	潷夫		
		三班殿職諷之	
		右侍禁講之	
		宣教郎誌之	忠翊郎公昰
		修武郎訊之	
		敦武郎譁之	公毓
			公景
			修武郎公美

博平侯	叔頔			贈右屯	衛大將	軍叔纍							襄陽侯	叔籍
秉義郎	玫之	清源侯	耨之		忠訓郎	現之						明之	右班殿	直說之
	公棨		公輔		秉節郎	公炳	修武郎	公煥	從義郎	公燁				
								彥璼		彥悊	彥念			
								傟夫		萯夫				

秉義郎講之	公曜	彥瀼	茁夫	時壦	
			烁夫		
			堞夫		
			鏄夫		
承議郎証之	公景	彥燭	夷夫	時涘	
			坤夫	時埣	若玞
			井夫	時堪	若瓖
					若瑎
				時址	
				時堞	
				時坰	
		彥漆	竺夫	時擓	
				時拭	

		公曅												
	彥漸	彥菏										彥澗		
坎夫	垠夫			穩夫					𦕸夫			垌夫	箴夫	
	時怟		時竢	時竫	時檖	時軺	時輪		時霄			時瞮	時杞	時捷
							若垟	若坤	若玎	若湞	若淌	若瀘		

		高陽侯克循					
		惠國公叔參					
		太子右監門率府率湴之	博陵侯益之				
			秉義郎公康	修武郎公廉	秉義郎公庠	秉義郎公序	
彥灘	彥沈					彥進	彥邋
	坏夫						皇夫

			右侍禁潤之		武經郎演之				
		保義郎公度	公悅	公愼	成忠郎公綬	承信郎公純	忠翊郎公紘		
彥諸							彥逢	彥遐	
謀夫								紳夫	
時敔								時賢	
若杜	若楠							若錭	若鋘

太子右內率府副率叔罕

榮國公叔悝

左侍禁沂之

右班殿直祐之

三班奉職禔之

右班殿直祈之

修武郎禛之

公成

槿夫

秉義郎公禮													
彥惟									彥求				
謂夫		启夫	昌夫		諗夫			右夫	召夫				
時實	時亹	時琨	時能	時⿱此山	時⿰王乇	時瑖	時玿		時亮			時襄	
				若瑁					若泞			若農	若瀰
									嗣榆	嗣鏵	嗣僄		

													修武郎	禴之
														公實
					谷夫			名夫			吾夫	暑夫		
時術		時暘	時企	時涺	時高	時彥	時裒	時熙	時庶	時捷		時暄		
若湉	若沂		若汴	若洸	若璠	若珚	若瑜							

									景城侯	叔座
	右侍禁	璉之	右班殿直	球之	左班殿直	琳之	右侍禁	侃之	武翼郎	琯之
公寶			承信郎	公樽						公鐏
										彥高
										彥文
								奉議郎	公鐸	彥昇
										彥滄
										[illegible]夫

									修武郎	琢之				
										公鋭	忠訓郎	公鎦		
彥洤		彥昌						彥昇		彥陟		彥邵		彥鄰
緞夫	緟夫	鏊夫	鍪夫			直夫	端夫					蒨夫	葵夫	偭夫
時袴	時𥟧		時垐	時壍	時涎	時㓞	時坌						時溶	

		倦夫		
		⿰口制夫	時唫	
		鉍夫		
承信郎公錠	彥旃	址夫	時錟	
		增夫		
		塤夫		
		堪夫		
	彥廞	璐夫	時鑪	
			時鈐	
		璝夫	時⿰亻肙	若泱
			時⿰月監	
		玥夫		
	彥厅	終夫	時他	
	彥序			

贈武議郎瑄之											
贈朝奉郎公鏜						承節郎公綱			公銓		承節郎公鑊
彥棪			彥檀		彥恬	彥泗		彥洓	彥濡		彥瀍
本夫	荎夫	瀹夫	⿰王斥夫	玣夫		謞夫	譠夫		橞夫	槤夫	櫪夫
	時偁	時禋									

右監門衛大將軍叔須〔三〕

東頭供奉官僊之　忠訓郎侃之

承節郎公鉞　忠訓郎公詠　右通直郎公讜　修武郎公言

彥澣　彥賨　彥浣　彥滮　彥甫　彥贇

柚夫　秣夫　驥夫　遂夫

時收　時敖　時效

若珂　若瑢　若玳

嗣份

贈武翼郎价之	從義郎公謹	彥仁	華夫	時觀	若鏞	
					若菘	嗣埻
				時覿		
				時睍		
				時覬		
		彥同	奧夫	時遜		
			萃夫			
			珮夫			
		彥雄				
	修武郎公讜	彥贊	璨夫	時寤	若濳	
					若通	
				時濘	若浞	嗣翁
					若滙	嗣椿

彥摹

珖夫　璽夫　瑊夫　玓夫　璨夫　璞夫　瓌夫　機夫　甲夫　斵夫　参夫

時溶　時涔　時泌　時就　時泒　時沷

若棊　若蘖　若巢　若欙　若檀

嗣熑

	武翼郎公訓							忠訓郎公誠				
	彥巽	彥番	彥茂	彥蔚	彥蕡			彥奇				
琟夫		液夫		策夫		樆夫	掏夫	及夫				
						時烋		時椿			時樞	時楠
								若琖	若烯	若燡	若炎	若炤

	彥暮							彥𨛭						
	湑夫	淶夫	潵夫					叶夫	僫夫	佫夫	懕夫		佾夫	徛夫
	時栱		時榶		時桴	時櫟	時椐		時逮	時潼	時瀴	時楯	時述	
若㬎			若爝	若炥					若鼂					

		保義郎	
		保之	
贈左屯衞大將軍叔䟶			

校勘記

〔一〕二班奉直　「二」，殿、局本作「三」。按：宋代官制未見「二班奉直」或「三班奉直」，疑當作「三班奉職」。

〔二〕右監門衞大將軍叔須　「監」原作「班」，按本書卷一六六、一六九職官志只有左右監門衞大將軍，而無「班門衞」的職官，據改。

宋史卷二百三十六

表第二十七

宗室世系二十二

	贈宮苑使、宜州刺史承漢〔一〕
	新平侯克構
	馮翊侯叔璨
魏國公退之，諡平恪	太子右內率府副率持之
秉義郎公政	
彥孟	
烈夫	
時成	
若公	
嗣智	
次鐩	

														時強
	若訥		若水	若堅	若虛		若思	若愚						若昇
	嗣薔	嗣傑	嗣棒		嗣鑒		嗣忠	嗣鑄	嗣鈵	嗣鉟	嗣鏑	嗣鑽		嗣鏥
次鎮					次通	次達	次珍	次溱				次琛	次璮	

							時叙出繼	時會			時威	時直
若盛		若冰	若升	若禊		若先			若雲	若寶	若川	若尹	若椿
嗣瑫	嗣璿	嗣康		嗣僬	嗣僊	嗣珽	嗣隆		嗣蘤	嗣鉟			嗣鑌
													次烌

											掞夫			
				時道							時叙			
若橰		若欄		若瀋	若溲	若波	若濴	若泙		若潾	若霖			若宗
嗣瑈	嗣⿰王雩	嗣瑀	嗣璹	嗣⿰金封		嗣鐫		嗣鍾	嗣銕	嗣鉊	嗣鋒		嗣矗	嗣鍵
											次璿	次璣	次沂	次瑍

									彥和					
								揚夫	厽夫					愸夫
								時興	時功				時協	時靖
			若鵬		若瑭				若神			若裕		若瓔
	嗣鍄		嗣嚞		嗣錸	嗣鏐	嗣飾		嗣燧	嗣煇	嗣燁			嗣興
次琪	次津	次渙	次軾	次轍										

										彥寧				
								華夫	長夫	卬夫	㽞夫			
						時炯				時曇	時行	時式	時髦	時聞
若琫	若瑁	若琔	若璥	若鏴	若鋺	若徠	若代				若梴		若瀷	
嗣邏			嗣溶		嗣漸	嗣湆								

右班殿直公寄	贈武功大夫公誼								
彥守	彥才								
憲夫	暘夫	懋夫	堯夫	籛夫	鎮夫				
時昆	時浧	時朋	時[illegible]	時義	時方				
若滏	若鐩	若鎧							

								彥惠	彥拂	彥忠		彥慨		彥隨
							舜夫		欽夫	緯夫	純夫	瀼夫	涸夫	庸夫
時惕		時亨	時志	時略	時宛								時瑊	
若鐐	若鉦			若準	若瑨	若璪							若瀟	
					嗣沅									

									保義郎公訓	武翼郎公誡		
彥泰	彥憙		彥愢		彥戁					彥聰	彥能	彥華
	懼夫	忻夫	瀼夫	溥夫	丙夫	端夫	壽夫	與夫				邵夫
		時軫										

				公詳忠訓郎	公詵忠翊郎							
		彥聒	彥聘		彥瑛	彥璠	彥玖					
雯夫			端夫			交夫	幾夫			比夫	司夫	驥夫
時㝵	時彧		時涫			時沼	時旅		時履	時瓏		
						若穅	若詒	若証		若漆		

							彥玽	彥付					彥珙	彥民
眷夫	尉夫	如夫						積夫						肩夫
	時愿	時錚	時鐊		時釴	時鈔		時辨		時昧	時榞			時潛
			若淲	若堧				若模	若槔		若愕	若恢		若楪

													承節郎公謣
亶夫					辰夫	親夫			列夫				
時激		時湘		時漨		時輯	時伶	時輖	時鍇				
若悔	若㤈	若仞	若沐	若映			若坥		若柹	若墀	若珧	若坾	
嗣瑨													

博平侯叔況

右侍禁合之　太子右內率府副率昭之　博陵侯攸之

公亮　訓武郎公畓

彥鐢　彥理　彥球　彥珣

濤夫　錬夫　退夫

時濤　時濯

成忠郎公彥	修武郎公輔	忠訓郎公著									
		彥輿									
		璀夫						謙夫	玤夫		
		時鏨	時亭	時芾					時近	時邍	時逨
		若鈆		若鍾	若鐠	若鏃	若銍		若訪	若[言致]	若[言仍]
		嗣港									

						彥舉	彥輶			彥輪				
	垐夫					琫夫	珥夫			淵夫				申夫
	時滅	時瀘		時洸	時洄		時遅	時杯	時潕	時鐏	時鈕			時瑑
若詯	若鑇	若讓	若鏣								若𠐿		若儕	若佑

璆夫　瓘夫　謙夫　讚夫　南夫　慶夫　吉夫　顯夫　濟夫　清夫　洗夫

時瑪　時瑃　時遴

若儸　若儤

			右屯衛大將軍叔泒				
		監門衛大將軍、代州防禦使茹之	從義郎賞之				
	迪公郎公佐		承信郎公僅				
			彥廻	彥洌		彥迻	
泯夫				忩夫		瑞夫	申夫
				時淲	時灖		時弨
							若鏊

						公佐								
						彥琬	彥璪							
							存夫							盈夫
			時槮	時梃	時樛		時惠			時橪	時翼	時龠	時雅	時仍
若壂	若鐬	若鈲	若瀧				若碟	若硝	若砊					
									嗣鋈					

					承節郎	公伸	公有							修武郎
	彥玗						彥機						彥耻	
	寘夫	野夫	圤夫	介夫			議夫		侃夫			訒夫	譓夫	
時醇							時梀	時訌	時馨	時嶸	時俺	時幅	時至	
									若泑	若瀴			若瑀	

			襄陽侯叔寧	三班借職禧之	公信	彥深	蓋夫					
						彥琛						
				修武郎訥之	忠翊郎公璉	彥洽	詎夫	時[王雩]	若漯			
									若灒			
									若[日畺]			
							誦夫					
							講夫	時[王旁]				
								時琅				
							計夫					
						彥汾	詣夫					
						彥渡	譏夫					

	成忠郎公瑞			從義郎公璹								
	彥酉			彥庚						彥欿		
鮮夫	周夫		禳夫	否夫	壯夫	革夫			試夫	攝夫	揉夫	揆夫
	時瑑	時璲	時瑚			時琊	時槩		時珇		時璉	
	若釟		若樧			若需	若霙	若霫	若銀			

	彥心								彥畢					
提夫	夬夫	爀夫				俊夫	德夫	信夫	臁夫		廊夫	廡夫		
		時懲		時憖	時憔	時安			時效	時藪	時魰	時敳	時斁	時斅
		若栓	若梗								若稷			

					承節郎							
					公琨	彥興						
						彥洲	釗夫					
					保義郎							
					公璩							
					公瓊							
					公琪							
					公玠	彥興						
						彥榮						
				左侍禁								
				訴之								
				從義郎								
				辯之	公琬							
					公琰							
				右班殿								

				直譬之									
				諝之									
				從義郎譪之	公昭	彥文	寬夫						
							征夫						
							訓夫	時元	若鍏	嗣黴			
									若鏷	嗣億			
										嗣倞			
					公晦								
					公曄	彥旨	紱夫						
							增夫	時復					
								時黴					
								時俴					
				秉義郎	公哇								

遂寧郡王　承範謚僖　溫

昌國公　克思謚　孝裕

太子右　內率府　副率叔　彪　太子右　內率府　副率叔

諒之　文林郎　詠之

忠訓郎　公彬

彥政　彥熿　彥熇

塏夫　埏夫　封夫　璭夫

時鈵　時鏶　時琟　時琬

皦　太子右內率府副率叔盈　太子右內率府副率叔齡　東平侯叔鮀

敦武郎誘之　左侍禁誠之

公宷　公叙　公覿　公覥

		丹陽侯叔眪								
敦武郎諱之	三班借職說之	三班借職瓘之	贈武節郎連之							
公其			武節郎公謙							
			彥祉	彥裾	彥裣	彥褳	彥禂			彥袀
				鐸夫	潩夫		潒夫	潰夫		
				時慶	時鍓			時鍠	時鎯	
				若檑						

		武翼郎公諄										忠訓郎公議
彥禣	彥璔	彥餐						彥璣	彥璡	彥琭		彥卣
		倇夫			詥夫	琱夫	璓夫			臣夫	羿夫	應夫
		時迈	時彰	時彯	時暶	時褭					時禬	時轠
		若瀧			若淳							

				公誼	承信郎公詩								
彥高	彥譤				彥瑲					彥玖	彥璥		
	佫夫	僲夫	璣夫		灖夫	渼夫			洛夫		泓夫		
		時枀	時霚			時儞					時裌		時栝
						若杍	若楧	若桝			若逯	若遷	若逮

						秉義郎公註				保義郎公諰		
				彥禾	彥瑁	彥瓃	彥琍		彥玐	彥筍		
			沈夫			倖夫	僇夫			涎夫	緒夫	
		時穗				時曚	時稑	時棆			時櫰	時杭
若汒	若逞											

			忠翊郎	進之	忠翊郎	燿之	武德郎	迪之						
		公諡		公諮			贈從義	郎公愿						
彥瓛	彥杓							彥倈						
								謙夫	諶夫	訪夫		諺夫	話夫	
										時淞	時津		時講	時誼

									彥惲					
記夫	識夫	諹夫							謟夫	謹夫		諷夫	鋈夫	諍夫
		時灟	時潘	時滑	時濆	時滂				時鈿	時鏄		時旺	
		若材			若鋆	若柚	若格	若徽		若倂			若滌	

						彥莅								
諳夫	認夫					談夫								諫夫
時堅	時烔	時熣		時炷	時爞	時銈	時鋅	時鉞			時館		時鍴	
	若磤	若砼	若磦			若潰	若濛	若涝	若潑	若潳	若淦	若澶	若滓	

	彥禟	諫夫	
		誧夫	
		皞夫	時澤
	彥傑	諳夫	時禝
		設夫	時鎔
			時鏌
贈承節郎公應	彥俯	語夫	
	彥倌	時夫	時蕢
	彥倢	僾夫	時蓄
公意	彥供	峻夫	時徽
	彥傲		
	彥俾	邠夫	時⿱艹弦
公忞	彥凝		
	彥制		

	武經郎遜之											
	公彰	訓武郎公惰										
彥接		彥㮚										
		仁夫	修夫		伋夫	俊夫	仡夫			仟夫	儹夫	侅夫
			時瑛	時⿱垔玉		時珷	時球	時璙	時璩	時瑊		時衜
			若淦			若釭						
			嗣榕									

				彥樂									彥檃	
			彶夫	璲夫			瑰夫	佚夫					佰夫	
時萊	時藺	時鄘	時鐳	時焯			時倞	時魁					時議	時諍
				若演	若搮	若璠		若琗	若玲	若瑒				
										嗣餤	嗣鏌	嗣銳		

			公林	公廣							
	彥綱	彥㮚		彥藩			彥湝		彥涅		彥澣
				玏夫		鏄夫	璩夫	瓆夫	鎌夫	鐐夫	
時諿				時櫰	時梅	時槐	時峙	時壢	時巇	時噌	時岀
若㬎	若思										

		彥涀	鐳夫	時僎	
			鍒夫		
達之					
敦武郎遷之	公淡	彥觀	楊夫	時益	若簫
			扣夫	時璐	
		彥覡	斐夫	時諴	
	忠翊郎公渭	彥相	熠夫	時垩	
		彥覺			
		彥覯	庾夫		
			庈夫		
			廖夫		
保義郎通之					

太子右內率府副率叔禔	康國公叔嶠						
	武翊郎訢之						
	忠翊郎公雅		贈忠翊郎公孺				
	彥昇		彥鼇				
	陟夫	芮夫	扐夫				
			時敃	時喆		時舜	時耦	時稼
			若裒	若濂	若瀚	若滎	若渏	若履	若豫

		敦武郎訖之						敦武郎譓之			
		公禧	忠翊郎公僖					公叟			公耆
彥暕	彥瑄		彥溆					彥最		彥昆	彥昭
			圻夫			垓夫		焄夫			晞夫
			時駰		時琢	時馭	時騏	時桱	時樦		時畬
			若晼	若焆	若熑						

彥盈										彥如				
膳夫	利夫	异夫	蘉夫		典夫	礱夫	弸夫	憂夫	纙夫	絫夫	馴夫	漻夫	龔夫	廷夫
時异		時穮	時苗	時並	時易		時初					時敷	時澴	
													若僊	

贈武略大夫訡之

公旺 贈武經

彥盟 彥炎 彥好 彥毅

寄夫 容夫 穰夫 稶夫 縑夫 薵夫 蕃夫 攏夫 暄夫 懍夫 懻夫

時訝

大夫公	褒													
	彥瑀								彥璟					
	⿱雨異夫					⿱雨吉夫			逨夫			⿺辶昷夫		
	時汝		時浚		時溫	時錍		時⿰金進	時詔	時諷	時訜	時⿰氵進		
	若豐	若宥	若宔	若宙		若堪	若圳					若轃	若轋	若轗

			彥琭	彥玒			彥瑢		彥玲					
⿺辶會夫		逭夫		松夫	椋夫	槩夫	誠夫	諴夫	鉟夫	鋁夫		鍉夫		鍪夫
時誧	時詝				時樛		時橑	時愗	時侈	時倰	時倇	時繇	時徐	時滴
							若強						若埠	

贈朝奉大夫公　亮

彥裕　彥顒　彥宴　彥壚

瀏夫　滂夫　滑夫

時湊　時洩　時準　時誑　時認　時矍　時𢕟　時徻　時僾

若僊　若衢

		武翼郎												
		公膏												
		彥瑜	彥璩					彥琢						
瀋夫	蒲夫		淑夫	滁夫	遷夫	遁夫	迥夫	僼夫		僓夫		篩夫	禱夫
					時偶	時備		時時	時睞	時垓	時增	時蕫	時檽
												若睽	

								贈朝請大夫公		亢				
							彥功			彥琇				
		左夫		俊夫	侊夫					清夫	樗夫	瀾夫		滮夫
時枴	時杼	時奇	時篗	時灘	時堝	時壏				時緝	時湧	時雝	時謏	時樛
											若煒			

		彥珖												
		汜夫			瀆夫			沛夫			沇夫		潡夫	淪夫
		時椅	時榙	時杵	時橿	時邋	時邇	時迡	時枰	時榕	時柷	時棎	時檜	時桂
若煜	若煇	若炳			若燺			若瓍		若熄			若焆	若焫

								濆夫		澧夫				汘夫
時楡				時楹			時柖	時柜	時梗	時檁	時柲		時杭	時榟
若焯	若炤	若燧	若爀	若炘		若燁	若灼		若焌	若焞	若燧	若熤		若燔
				嗣垣	嗣墱									

				彥璑										
	瀀夫			淨夫	洲夫				澶夫			泮夫	浮夫	濛夫
	時[王步]	時[王荐]	時樠	時榎		時櫬	時欄	時檥	時樅	時梓	時栭	時櫄		
若奐	若貫	若彧		若煤										

彥璝	彥璲						彥班				彥珻			彥瑞
	淨夫	漾夫	浙夫	流夫			瀜夫	漪夫	澴夫	涺夫	溒夫	涷夫	湑夫	漟夫	漣夫
	時代			時鑣										
				若璸	若璨									

													修武郎詁之	
													公祁	忠翊郎
	彥琿			彥瓏					彥球	彥峒	彥岩			
沂夫	鎕夫		錝夫	鍨夫	鉥夫		鐌夫							
時樸	時樾	時楰		時椽	時炵	時桔	時枂	時杵						

	公裕	彥穗	潏夫	時唐	若瑽
					若珍
				時雋	
				時宮	
			泩夫	時虒	
				時麃	
		彥楹	沘夫		
		彥梃	滔夫		
			洵夫		
			瀁夫		
贈武翼郎諫之	從義郎公達	彥璦	焆夫		
	承信郎公進				
	承信郎				

	公遷	
	承忠郎公遨	彥溶
		彥素
	公退	彥漕
秉義郎譽之	公材	
	公林	
	公植	
	承信郎公遇	
武翼大夫誠之	保義郎公選	彥牛
		彥騏
武節郎	忠訓郎	

璀之														
公安														
彥壽	彥良	彥俛							彥倅			彥儴	彥仰	
		汯夫		潔夫		海夫	涑夫		燕夫	原夫	薰夫		衢夫	御夫
		時櫧		時楳	時梃	時檣	時樹	時橋	時昪	時頑	時煁			時琝
		若卿	若燭								若琢			

			彥伶	彥倗	彥倘				彥佋		彥俊	彥俒		彥佫
術夫	徯夫		楡夫		適夫	憖夫			墀夫		种夫	孥夫	字夫	揮夫
時壐	時評	時諕				時鐙	時鍔	時鍾	時昍	時岄		時鉞	時⿰金詹	

													秉義郎	誴之	忠翊郎
	武翼郎	公寯		公定	公宥	保義郎	公穹				公崴				
彥俊		彥偓	彥價				彥儴		彥僟						
藏夫			鋺夫				嵱夫		岃夫	崺夫					
							時鉽	時鑣	時鑘	時鎜					

				諮之	公逵		
					公邁		
				保義郎璹之			
				保義郎瑋之			
				武德郎訥之	迪功郎公秝	彥布	簾夫
					公元		
			榮國公叔混謚孝僖	右侍禁欽之			
				右侍禁鎮之	公壽		
				敦武郎	承節郎		

鉚之　公丕

武翼郎承節郎

鈞之　公翼

武功大夫、榮州刺史鎬之　修武郎公勤　彥珉　鍾夫

鑣夫

鏃夫

彥斌

彥琉　濬夫　時燦　若晐

時焠

彥琓

澤夫

彥徯

			銘之 武節郎										
			公禰										
彥瑩	彥珈	彥矓	彥倩					彥傍				彥僮	
			雒夫			難夫	惟夫	色夫				隼夫	
			時逪	時穅	時遜	時轔		時澓	時防	時陶	時陼	時吸	
												若許	若訋

		敦武郎	銳之			忠訓郎	鎔之							武翼郎
		成忠郎	公光		公憲		公祈	保義郎	公禮					
	彥俊		彥璽	彥瓚					彥珌	彥玞	彥璲	彥璛	彥瑕	
												淳夫	速夫	
若訨														

銶之														
公瑨	公宏	公宓												
	彥湝	彥麻						彥庶	彥庇					彥龐
	鋞夫	熹夫	崘夫		熏夫	麃夫	仩夫	珞夫	垂夫	旣夫	薑夫			潺夫
		時磐	時袿	時禠		時珦			時玫	時琢	時鑷	時釚	時錢	

					忠翊郎	錡之	從義郎	鐸之						
	承節郎	公宥						公祐						公祥
		彥愿	彥鈐					彥代		彥㦒	彥清			彥燁
信夫			塔夫	埥夫				瓘夫	珗夫	𧦝夫	畱夫	䥶夫	詔夫	价夫
時錂								時傳			時壙			時賢

								公祈						
							彥遵	彥宜			彥埈			彥燡
		祉夫		墫夫		壏夫	埄夫	誾夫	闞夫	閱夫	栭夫	槅夫	檄夫	
時締		時鍼	時錁	時繼	時絟		時瑨							
若桄	若杓													

武忠郎錠之

公祺　公祚

彥㶡　彥爍　彥滋　彥政　彥璪　彥瓕　彥壚　彥實

栳夫　埵夫　垟夫　壠夫　闡夫　閫夫　硫夫　倅夫　御夫　儆夫

時職　時棄

內殿承班叔鋹	保義郎僴之			
	忠訓郎約之			
	益之	公度		
	忠翊郎用之	公輿		
	保義郎勉之	保義郎公僎	彥袗	璐夫
		公監		
		公昂		
		公昪		
		承節郎公罕	彥彙	
			彥鄰	

													東陽郡	公克聰
西頭供	奉官叔	玢						東頭供	奉官叔	潛	右侍禁	叔放	房國公	叔紞謚
	左文林	郎穎之		修武郎	瑱之									歷陽侯
		公授			公援	公墿	公極							左班殿
		彥[illegible]	彥憧											
		樺夫	椐夫											

恭														
詢之														
直公太	訓武郎	公儔	贈武經	大夫公	儐									
		彥傞			彥堧							彥珍		
					頔夫	顗夫	預夫	頌夫	頍夫			合夫		品夫
							時湝	時陞	時欘	時寧		時顥	時頎	時棉
										若澤	若治			

從義郎公价

彥瑞　彥瑜　彥珍　彥琰　彥琡

僊夫　慶夫　超夫

時森　時楢　時淅　時泮

若焠　若橦　若晛　若烟　若[illegible]　若遒　若芚　若摹　若顒

供備庫副使論之	西京左藏庫副使植之			
成忠郎公信	修武郎公揩	忠訓郎		
彥珪	彥琥	彥文	彥武	
端夫	潔夫	元夫	豫夫	
時清	時泰	時寔		
若冲	若憼			
嗣琳				

公授														
彥喆														
坦夫														
時顯					時允		時良			時昭				時膺
若淳		若澄	若㴱		若溙	若瀔	若滄	若渼		若瑋		若瑍		若濮
嗣俶	嗣偰		嗣僤	嗣偛				嗣僎	嗣傳	嗣僃	嗣儁	嗣倫	嗣侗	

					貫之	贈武翼郎詮之					
			忠翊郎公抃			訓武郎公昇				公旦	承信郎公景
			彥恕	彥瑜		彥德	彥龍				
							弢夫	彝夫			
	時旦	時邅						時峸	時岎		
若湑											

			南康侯克備			
贈右屯衛大將軍叔布		濟陽侯叔奢	遂國公叔封謚恭僖			
保義郎威之		左侍禁證之	武經大夫東之	贈武略大夫仰之		
公弼	公強			保義郎公渥	從義郎公澄	
彥賡				彥亨	彥遠	彥逌

忠翊郎公濬	贈訓武郎公湜											
	彥初											
	乘夫		行夫						全夫	懿夫		
	時瓄	時蒜	時琚			時瑜			時千	時琇		
		若譔	若沈	若軾	若优	若鐺	若鋇	若鏦		若[illegible]	若詞	若誨
				嗣陟								

修武郎中之　西頭供奉官蒙

公蟠　成忠郎公浩

彥熙　彥章　彥奕　彥奇　彥熅

夤夫　鏞夫　鑽夫

時㬎　時昌　時嚞

若沖　若瀔　若洛　若湡　若淘

嗣珄

贈左領軍衛將軍叔倪
東平侯叔詵

之
武翊大夫肅之
贈左領軍衛將軍擒之
武功郎博之
左侍禁珏之

公雅
公權
成忠郎公遠
從義郎

公[illegible]														保義郎
彥亢	彥蟻	彥翊											彥竱	
		憲夫				裔夫			漸夫				懕夫	
		時則	時賦	時質	時贇	時鼐	時珍		時逕	時𨑨				
						若悠	若劉	若洮	若盼	若棕	若櫀	若楕		

														敦武郎
公壽														
彥端						彥墫					彥工	彥悛	彥增	
翰夫						萃夫						學夫	講夫	
時措	時靚		時菀			時侁	時銕		時昌			時泈		
	若棨	若杲	若僔	若伉	若櫰		若蕩	若淥	若郲	若郢				
									嗣瑩	嗣濱				

悟之		忠翊郎靖之				孝之			
公儀	公佾	承信郎公遷	承信郎公遂	承信郎公遙	承信郎公近	修武郎贈武義郎公福			
		彥弼				彥譓		彥蓍	彥豈
						達夫	𨗨夫		積夫
							時似		

											廣平侯		叔靦	
							忠翊郎	茂之			奉議郎		進之	
						公祥	保義郎	公璜		公旦	承節郎		公藹	忠諫郎
		彥訾			彥訥	彥諫		彥許	彥這				彥和	
稷夫	价夫	岑夫	岃夫	耑夫	儼夫								忞夫	

承義郎剬之
中大夫、直秘閣將之

公蒲
將仕郎公位
將仕郎公倚
將仕郎公億
公儃
公僮
公佐

彥穖
彥秬

潟夫
中夫

時槃

								左侍禁叔嶢
		左朝散大夫成之					修職郎覬之	秉義郎杲之
公仁	公伉	公驥	朝奉大夫公紹			迪功郎公緒		承節郎公亘
			彥壘	彥坐	彥壐			彥躍
								澤夫

							敦武郎挺之					
						公矩	秉義郎公鼐					忠翊郎公顯
	彥畋					彥曄	彥俊	彥偵	彥儆	彥倍		
沂夫	源夫	渙夫	清夫	潤夫	漢夫		定夫		安夫	䆄夫		
										時簡	時雄	

				武功大夫叔崧							
				成忠郎徽之		武經郎律之					
公碩	公頫			訓武郎公鏷		公琰	武翼郎公琅				
	彥儔	彥倞	彥侈	彥祜	彥祐		彥補	彥褐	彥褈	彥襘	彥楊
							檝夫				楝夫

忠翊郎御之	保義郎公瑰	
秉義郎衕之	從政郎公玩	彥滿
		彥溥
	成忠郎公瑤	彥泓
		彥[illegible]
	承秉郎公珥	
	承信郎公玦	
	承信郎	

右侍禁

叔賚　武翼郎

叔岐　敦武郎

叔𡷊

俅之

伸之

保之

武翼郎

叔崾　武翼郎

叔力　修武郎

叔崦

似之　武翼郎

公玢

公瑋

從義郎俅之	修武郎公佩	彥祥	
		彥禮	
		彥祓	澗夫
			源夫
			淖夫
			汜夫
			贛夫
		彥褵	
		彥祲	道夫
			達夫
	公珂		
	公珪		
承節郎保之	公琬		

公琳		
秉義郎公珽	彥⿰言介	柄夫
		拭夫
		操夫
		揔夫
		措夫
	彥該	
	彥講	
	彥誴	
	彥諿	
	彥⿰言豈	
	彥診	振夫
	彥譚	
	彥訏	

信之　修之　承信郎　侑之

公珏　承節郎　公璛　公璟　成忠郎

彥誥　彥諹　彥譏　彥議　彥訓　彥詔　彥謐

抷夫　授夫

														俟之
公堪				保義郎公璑						保義郎公環				
彥視			彥補	彥衱	彥襛	彥袥	彥袡	彥襦		彥袢	彥裨	彥祉		
汰夫	泒夫	涯夫		淵夫	彤夫									

	敦武郎叔嵴	武經郎叔顒									
倚之		敦武郎倢之								從義郎辛之	
		公俸			公藹				公逑	從義郎公迅	公逾
		彥𡩋			彥𡨴	彥寘	彥寴	彥宿		彥寧	彥夠
		欒夫	璋夫	瑱夫							森夫

									介之					忠訓郎
				公迢	成忠郎	公遴	從事郎	公運	公逖	公遊		公逡	公遑	承信郎
彥甡	彥弜	彥[illegible]	彥孖			彥汧				彥傴	彥儓			
品夫	嘉夫													

				秉義郎叔巗	右侍禁叔嶰	武翼郎叔嵥				
聿之		恬之	將之			泰之	修武郎球之			恭之
公稑	公穡						承信郎公輧	公轍	公輷	公軻
彥晨	彥蘔									

祁國公克楊　太子左內率府

右監門率府率叔闐　武節大夫叔圖

忠翊郎善之　唐之　變之　居之　哲之　吉之

公俊　公垚　公圭　公橐

彥澴　彥濂

				南陽郡公承拱	遂寧郡公
副率克遂	常山侯克愛			太子左內率府副率克就	舒州防
	太子右內率府副率叔譓	左班殿直叔珠	左侍禁叔磷		

承衎
禦使克勳　左武衛大將軍克諧
太子右內率府副率叔闓　華原郡公叔汝〔三〕
左侍禁聽之
忠訓郎公㬎　公愿　承信郎公惠　承信郎
彥章　彥辛　彥學
瓊夫　閎夫
時立

	東頭供奉官順之											
公愬	武翼郎公懋											
	彥修									彥偕	彥傢	
	瑺夫		琉夫			正夫	遼夫	巘夫	琿夫		玢夫	
	時麟	時宜	時益	時融	時新						時智	時春

				秉義郎遵之						
				成忠郎公愈	成忠郎公恕				忠翊郎公慤	公意
			彥仍		彥申			彥峻	彥靖	
	珒夫	珩夫			臨夫	宰夫	卓夫			
時諄										

			廣平侯叔鳳					河內侯
	承事郎仟之	承節郎俌之	從義郎明之			修武郎用之	忠訓郎輔之	三班奉
公緫			訓武郎公衮		忠翊郎公褒			
			彥奎	彥奔	彥宏			
			藹夫		力夫			

叔邢														
職和之	三班奉	職信之	贈朝散	郎欽之							忠訓郎	適之		成忠郎
	承信郎	公靚	承節郎	公友	武翼郎	公太			承節郎	公本	從義郎	公覸		承信郎
						彥速	彥揚	彥從				彥鄣	彥邴	
						啓夫	豈夫	嵤夫					訹夫	

陳國公承

贈左領軍衛將軍克省

叔鄭

拱之

公襯　公常

彥儕　彥儲　彥俑　彥伉　彥俘

敘夫　效夫　敔夫　畋夫　枚夫　收夫　敍夫　敷夫　⿰鬳攵夫

時蓋　時霈　時离

錫謚榮僖					
華陰侯	克告				
建安侯	叔陶	太子右內率府副率叔瑚	武經大		
武翼郎	保之	武翼郎伋之	三班奉職傳之	忠訓郎修之	保義郎
	公翬	公翼	公習		

夫叔甫	端之		
	成忠郎竘之		
右侍禁叔鞶			
西頭供奉官叔瑺	承節郎相之		
	敦武郎樞之	公亮	
		公崙	
		忠訓郎公弁	彥彄
右朝議大夫叔	承節郎	秉義郎	

靄	誼之	公涓	彥宇	楷夫	時熾
					時煴
				槐夫	時貫
					時資
				棠夫	
				拱夫	
			彥安		
		承節郎公淵	彥羔	裕夫	
				恭夫	
				憲夫	
	訓之	修武郎公渭			
		公濡			
		贈從義			

郎公侈														
彥菩			彥曇			彥瑝		彥昰	彥昺					彥熺
瓌夫	珈夫	璬夫	榛夫	楎夫	櫟夫	宷夫	宇夫		瀓夫	溶夫	洽夫	洵夫	潛夫	囦夫

	贈中奉大夫諡之								
	朝請大夫公頤								通議大夫、寶謨閣待制公豫
	彥俟				彥倄	彥傛	彥逯	彥儋	彥适
圓夫	洐夫	濇夫	淳夫	瀛夫					佐夫

					忠訓郞詠之						秉義郞謹之			
	朝散大夫公升				承節郞公紀						保義郞公俛		承信郞	
		彥汻	彥淍	彥沶		彥退						彥旦		
佑夫		悉夫	忠夫			懷夫	憚夫	異夫	男夫	伯夫	侳夫			

				武經郎叔鍵					武翼大夫叔艈
			誘之	秉義郎傑之	价之	承節郎僼之	承信郎俊之	忠訓郎侃之	持之
公侹	公仕				保義郎公度				
	彥瑍	彥珍							

保義郎擇之

武翼郎公柄

彥儕

彥他

彥恬

彥仟

彥俱

彥倰

彥儛

修職郎公柳

彥徊

彥健

奎夫

井夫

彥伸

彥得

彥儼

		秉義郎僞之								承信郎擬之	
承信郎公桐		公柯	公栫		公柷					公棣	
彥偕	彥仁		彥禪	彥柯	彥礽			彥祺	彥袿	彥湝	彥瀛
			葱夫		郕夫	祁夫	卿夫				

襄陽侯	克疆	昌國公			克闢	淮陽侯								
贈左太	叔䎹	武經郎	舍	副率叔	內率府	太子右			直叔麃	左班殿				
	厚之	從義郎					東之	忠翊郎	恂之			振之		
	公誼						公杰	保義郎	公守			公極	公桶	公松
											彥勳	彥烋		

克禀								
中大夫叔擘								
輔之	朝議大夫充之							忠訓郎
	右從政郎公泌	公問	右文林郎公黯	右修職郎公鑒	朝請郎公植		承信郎公稷	忠訓郎
			彥熹	彥鈞	彥極	彥相	彥程	
				銓夫				

修之

公琢　訓武郎

彥梅

嶾夫

彥櫟

崠夫

巋夫

彥樛

巘夫

峴夫

彥梗

崌夫

公瑨　從義郎

彥楯

謙夫

公玕

彥枌

彥桎

欒夫

汎夫

彥枘

公璉　秉義郎

		朝奉郎	叔袍	右朝請	大夫叔	迢				朝議大	夫叔仔	左班殿	直叔篆	武翼大
	敎之				成忠郎	愍之			立之		澤之			修武郎
公璟					忠翊郎	公禩	承信郎	公禠						武翼郎
彥校						彥韡								

						左領軍衛將軍克慄	贈左衛大將軍克佑	
夫叔儀							秉義郎叔峻	武翼大夫叔敞
輝之								從義郎滲之
公孝				武信郎公觀	公正			成忠郎公岫
彥鴻	彥浤	彥瀰	彥川	彥豫				彥窑
								鈐夫

								忠訓郎叔璠	右班殿直叔珍
	從義郎仔之		秉義郎偕之		秉義郎仟之				
	承信郎公璵	公珠	公森	公蟠	公壽	公瀹	公奇		
鈿夫									

婺州觀察使克[illegible]

忠訓郎叔瑄　左禁衛忠翊郎承節郎　叔忍

禧之

公緝　公綰　公綺

彥紘　彥[illegible]　彥[illegible]　彥屹　彥岳　彥巘　彥琠　彥淮

琖夫　汀夫　[illegible]夫　祴夫

左班殿直叔悊　武經大夫叔懇　修武郎叔愻　忠訓郎叔慤　宣教郎

祺之　祉之　袖之

公緯

彥泳　彥涺　彥澣

欅夫

								安康郡
叔憲	左班殿直叔志	忠訓郎叔愈		成忠郎叔[illegible]	成忠郎叔淵	成忠郎叔擘	成忠郎叔佀	右班殿
		瓚之						
		公篴	公遁					

公克家														
直叔瑄	朝請大	夫叔璠			朝請大	夫叔玠								
		僎之	份之	倫之		忱之		從政郎	佚之					
						公恢	公抃		公輔	公佐	公弼			公明
						彥質					彥迁	彥邁	彥遠	

左班殿直叔珪			
右班殿直叔瑞			
忠訓郎叔琮			
武翼郎叔玗	右迪功郎僊之		
	文林郎偉之	公勣	
		公勤	
		公能	
	承議郎侃之	公楫	
		公鎬	彥殊

左文林郎僴之
承信郎公美
彥英
從政郎仲之
公正
朝奉郎倈之
迪功郎公高
公亮
公亨
從事郎僖之
公璟
彥濟
彥渙
彥昊
公篆
公瑀
侨之
公策

		忠訓郎叔劘	武德郎叔贇						
忠翊郎俊之			朝散郎像之				朝散大夫儼之		
保義郎公籛	公範		迪功郎公掄		迪功郎公括	公折	修職郎公採		
			彥云	彥徵	彥減		彥洇	彥淒	彥蘭

			奉議郎介之	忠訓郎俶之		傑之	忠翊郎儉之		保義郎偃之	任之
		公握	公掖	公扶	公抑		公擢	公握	公揄	
彥澡	彥洙							彥澮		

										成忠郎	叔裝
修之	依之			偲之			倣之	傈之	仍之		
	公擇	公揀	公拊	公拱	公撫	公搖					

校勘記

〔一〕贈宮苑使宜州刺史承漢　按本書卷二四四魏王廷美傳，潁川郡王德彝諸子有承謨而無「承漢」，殿、局本作「承漢」，劉敞公是集卷五二新平侯克構墓誌銘敍其父名，則作「承最」，未知孰是。

〔二〕華原郡公叔汝　「原」原作「源」。按本書地理志，華原爲耀州郡號；別無「華源」郡名。本表中封贈華原郡公之例屢見，「原」當爲「源」之訛，今改。

宋史卷二百三十七

表第二十八

宗室世系二十三

廣陵郡王房

廣陵郡王德雍謚康簡	
南康侯承睦	
河間侯克順	
太子右內率府副率叔庚	

成國公克戒

高密郡公叔拔
溫國公叔杲

左侍禁煥之
太子右內率府副率砥之
右監門率府率效之
西頭供奉官謹之
西頭供奉官諷之

公換
公諼

河州防禦使叔穀				建國公叔滿
贈顯謨閣待制紀之	右班殿直誨之	承議郎諮之	朝議大夫談之	左侍禁諡之
			公霖	

贈武翼郎詠之	
贈中散大夫公震	
彥翾	
昕夫	
時从	
若祕	若檔

		叔涉	洋國公											
	三班奉職齡之		三班奉職諝之											
						彥翽	彥翔							
				阡夫	齊夫	陘夫		穫夫	畯夫					
				時夼					時誦	時譞			時譝	
									若□		若穟	若欓	若樲	若檯

贈朝議大夫詵之											
保義郎公雅	公邁	贈奉議郎公維									
		彥懷					彥⿰骨豈				
		虯夫	⿰虫幽夫	蜿夫		蚢夫	棠夫				
		時豐	時對	時畱	時旟		時廩				時庚
							若鍵	若釪	若鑽	若鍊	若璩

														公佳
					彥馴									
		寯夫	奭夫		僊夫	儦夫	侙夫	岱夫			倪夫	僕夫	僭夫	
時龐		時扛	時珇	時脋	時庇		時塵	時庚	時启	時[illegible]			時燦	
若潩	若溥				若鏻									

朝請郎贈朝議大夫公詳之	三班奉職諲之	三班奉職訢之	武經郎蹈之			
迺	公曖					
彥駿	彥驎	彥敦				
國夫	楙夫	榘夫	采夫	矩夫		
時恢	時均	時懩	時戭	時爔		
若笨						

								右侍禁	叔憖					
	秉義郎	巛之				忠翊郎	彥之	奉議郎	許之					
公羲	訓武郎	公斐							公悅	公慥				
		彥聰								彥琮	彥璡			彥瑀
		滌夫	汋夫								揵夫		援夫	
			時霣	時霏	時⿱雨彩						時宨	時容		
											若俀			

				內殿承制叔竚								
武翼郎譯之				忠翊郎誥之								
公恢		公什	公愉	公遠								
彥賛				彥翔							彥翊	
燁夫	燿夫			威夫	翹夫		昺夫	獵夫	衜夫	震夫	御夫	栗夫
時鉌				時味	時遭	時慈						

贈敦武郎叔忞

贈武功大夫誨之　秉義郎贈朝議大夫公　誼之

贈武節郎公剛　公則

彥翻　彥翿　彥御

弇夫　嵘夫　洞夫　滐夫　淣夫　淞夫　瀘夫　浐夫

時莊　時揆　時槿　時樌　時稷　時瑻

若均

														剸
		彥儦												彥佩
		悉夫							憲夫					懇夫
	時埂	時晉				時坰			時垷	時琯	時瑄			時勴
若撫	若濱		若錘	若鉛	若鑂	若紓	若橡	若櫑	若檡			若埜	若屋	

												武德郎	叔纆	
											諝之	成忠郎	詡之	評之
													公翃	
			㥠夫				儋夫			恬夫				
時鐩			時瓌		時㲉	時鑾	時瓚	時瑢		時玟				
若揮	若授	若掄	若綨	若結	若瓢		若橎	若儲	若偩					
				嗣湅										

右清道率府率克協			南康侯克凝		
東平侯叔頤			洋州郡公〔一〕叔瀮		
承節郎誧之	太子右內率府副率牢之	鎮陽侯擇之	太子右內率府副率被之	文安侯十之	
		公益		保義郎公濂	公滋
				彥瑜	彥瓛
				永夫	

贈朝奉大夫明之									左侍禁鯉之	
									公竦	忠訓郎公端
彥鼎										彥縿
正夫										諄夫
時習							時敏	時舉		時邈
若瑧	若珹	若瑨			若瓛					
	嗣洪	嗣潤	嗣潗	嗣伊	嗣洤	嗣淙				

			彥繹	彥紀				彥綸	彥經	彥綵				
諝夫				㝝夫		宭夫	篆夫			訊夫	礪夫			
時遴	時迢			時莘	時苾	時瓃					時煥	時敞	時敷	
	若槽	若神									若魯	若晉	若普	若旨
											嗣璘			

								成忠郎公竚							
								彥績							
		礐夫		碗夫				寬夫						宅夫	
	時機	時樋	時嵱		時岍			時倡	時佸	時僚		時侙	時瀼	時佣	時什
若習			若雯	若霆						若儴	若梐		若槃		

							奉化侯叔晰	
	右侍禁界之	贈朝請大夫賫之					太子右內率府副率辨之	太子右
		贈太中大夫公懋						
			彥範	彥眞				
				康夫	宲夫	鴌夫		
時佀				時羃	時揺	時環		
				若忻	若但			

								安陸侯	克愽					
								右監門	率府率	叔覇				
內率府	副率愭	之	三班奉	職德之	武翼郎	興之	異之		贈通議	郎却之				
						公鼎			武經郎	公度				
										彥瑛				
										儒夫	檀夫	亶夫		
											時取	時永	時亨	時安

彥瓌														彥琑
南夫	豈夫												古夫	筍夫
	時元				時禮	時睍		時顏		時廣	時向	時奎		
	若漈	若淟		若㵢		若湋	若濡	若瀅				若錟		
	嗣㮚	嗣楧	嗣權	嗣榛				嗣寔	嗣熺					
		次玿												

				訓武郎公權									
	彥琦		彥瓘	彥祁									
芸夫	節夫	瑛夫		猷夫				衕夫					
				時浦			時浩	時滿				時赫	
				若璐		若琾	若珅	若誼	若諶	若謣	若諴	若楪	若榯
				嗣慨	嗣槐			嗣維				嗣渻	嗣寧

贈武節

保義郎

彥禧　彥福　彥祚　彥祿　彥祜

昭夫

時闓　時帥　時猛　時賡

若樄　若涏　若濟

嗣蹇　嗣綬　嗣綖　嗣鈕　嗣陣　嗣陼

				郎鷹之	公紘	彥珪			
					贈朝請郎公綬	彥輔	朝夫	時才	若祕
						彥弼	袞夫	時滂	
								時涑	
				武翼郎譽之	公達				
					公遠				
					公逑				
					公近				
					公迪				
					公鄘	彥約			
				右中奉大夫永之	公久	彥光			

										修武郎渙之		忠訓郎戩之
									公圭	公常	公麟	
彥輝												
晦夫		鶱夫		睿夫								
時宏	時晙	時良		時皓	時童	時玘						
		若河	若循			若樅	若杅	若經				

昌國公克彙諡良安

太子右內率府副率叔熉
右監門率府率叔賀
太子右內率府副率叔然
高密郡公叔納

左侍禁堅之
琦之
從善郎承信郎

原國公承 | 炳

通義侯 | 克咸

太子右內率府副率叔 | 都

珙之

公澤 | 公渙 | 公漸 | 公賓

彥奭 | 彥奕 | 彥⿰齒皆 | 彥奫 | 彥奇

⿰木隸夫 | 釪夫 | 鉐夫 | 鎡夫 | 鏒夫

時极 | 時霆 | 時霅 | 時⿱雨飛

建國公叔獳													
贈通義侯援之													
武經郎公正													
彥曹													
僬夫						佖夫				侊夫			
時合					時會	時盛	時譱	時壃	時耕	時菁	時奮		
若圭	若珍	若琉		若城					若陛		若⿰王斥	若珈	若⿰王斯
		嗣⿰金桀	嗣⿰口憲										

									武翼郎	總之				
										公昌	承信郎	公懋	承信郎	公匯
												彥臣		彥臾
偰夫	悰夫													銕夫
時賈	時伾			時佐	時便	時儭	時徑	時𢓜						
	若鉊	若鐳	若鋌											

	從義郎	捧之			保義郎	拮之	成忠郎	揮之						保義郎
		公英						公輔				公信	公弻	
彥南		彥徽						彥藻			彥深			
		介夫	企夫	全夫				玭夫	碧夫					
									時裪	時褶				

撫之	承節郞	扮之				敦武郞	掄之							
	成忠郞	公塋				修武郞	公譓						公謀	公諶
		彥山	彥岃		彥峑		彥愡	彥傒	彥倡			彥佩		
			琳夫	現夫				琿夫	瓏夫		曁夫			
									時芹	時蓍				
									若濵					

崇國公克懼					
彭城郡公叔琥					
贈秀州觀察使寶之	武德郎睽之				
公俊					
彥懌	彥恰				
仁夫	溫夫				
時僾	時玲	時搢	時課	時假	時任
若詅	若諄	若詾	若詘	若佮	若㒫

彥賜	溥夫	時垓		
		時襲	若珊	
			若鑼	
		時增		
	法夫	時瓘		
		時綽		
		時縉		
		時纘	若鎌	
	洤夫	時標	若瓓	
	沃夫	時寀		
彥閎	焌夫	時宅	若瑑	
		時御	若樸	
			若諯	嗣烝
				嗣窓
			若訢	

												彥帥		
											炳夫	耕夫	儉夫	
			時同		時泉	時彰	時語	時訢	時游	時源	時務		時䅎	
若暮	若謝	若譁	若埴	若塻					若椯				若綱	若鐓
														嗣沐

左班殿直揵之　右班殿直隄之　右班殿直拭之

公平　公訥

彥由　彥扎

惚夫　迂夫

時璁　時莅

若憙　若憋　若愬　若忝　若恧　若鏕

					公佐	彥懌			
						彥忱			
					公傑				
				東頭供奉官暐之	公建	彥晦	性夫	時傺	若溪
									若浽
									若汸
								時僠	若沆
							愉夫		
							怵夫	時傔	
								時僷	
								時僬	
								時僟	
								時儷	

馮翊侯克晛

右監門率府率叔環

太子右內率府副率叔

武翼郎曦之

彥俵

彥嶲

彥民

怟夫

愃夫

時儆

時[亻集]

時傑

時俐

時倐

若第

瓚	太子右內率府副率叔祀	太子右內率府副率叔叡	博陵侯叔兌
左班殿直祥之			
承節郎公勳			
彥以			
惆夫	竑夫	端夫	
時純	時誨	時邁	

福之	武翼郎禧之					承節郎裕之				
	公勱	贈中散大夫公驥				訓武郎公瞻				
		彥深	彥瑍	彥劭		彥盡				
					忻夫	逵夫				
						時晼				時嚋
						若汯	若⿰氵宿	若湇	若謝	

														承節郎
			彥黨										彥強	
	活夫		道夫					麒夫						
時畦			時佰	時伶			時潑	時像	時戣		時戡		時戠	
若仳				若鏝	若鉞	若銷			若埣	若墻	若坰	若墀	若坂	

贈左武衞大將軍、榮州團練使叔逵

祏之　左朝奉大夫禰之　三班借職修之

公悝　右迪功郎公岃　右迪功郎公峕

彥弸　彥遜　彥選　彥遜

儁夫　穌夫　仳夫

時企

若沇　若濼

贈武義郎祐之	訓武郎公立	彥球	俐夫	時詼	若璽
					若淙
				時謨	
			俌夫		
			偈夫	時洪	
				時伊	
				時浣	
				時濼	
		彥瑨	僮夫		
			倎夫		
			徽夫		
			俛夫		
			伳夫		
			鏈夫		

左迪功														
	公誨		公瑾											
		彥謹	彥立			彥琅			彥玠	彥璋				彥玶
						僌夫		侶夫	仍夫	偲夫				侹夫
				時漎	時戚	時宏	時江	時沂			時榆	時榑	時楝	時朴
				若櫅	若儕								若浪	若淒

							河內侯	叔佾						
郎仰之							右班殿	直裕之	右班殿	直祿之	三班奉	職祚之	禔之	敦武郎
公求														
彥諭	彥愿		彥忽	彥恩		彥愈								
	愠夫			憒夫										
	時棖	時栒		時楧	時櫅	時檥								

							贈武翼大夫叔垬				
橫之							武翼郎通之				
公亨	公高	從義郎公言			公豪	公卞	宣教郎公慶				
		彥栟	彥椹	彥琜			彥慈				
				鏦夫			綦夫	繩夫			
							時浥	時瀚	時潽		
							若明		若溙	若勶	若瑤

				彥冑					彥皋					
				繇夫					桯夫	綽夫				
時顯			時浤	時偫				時佃	時佼		時迦	時槦	時迤	時衕
若瑳	若璊	若瑍	若瓑	若悊	若息	若懃	若忠							
嗣諫														

			彥夔											
紇夫		絅夫	縝夫		綖夫						絪夫	績夫	紃夫	
時俄	時偕		時儁	時僎	時棶	時代				時傒			時櫂	時㣙
若鑄	若鑚					若鏁	若嶫	若棇	若柔					

							永州助敎道之	秉義郎遷之				
								公磨	公縻			
									彥府			彥庫
	纁夫		絢夫		絟夫	紡夫			繻夫	綠夫	緌夫	約夫
時僁	時俠	時偦	時衙	時作	時佪	時儈						
					若轔	若撲						

嚴州觀	尼	副率叔	內率府克偕	太子右馮翊侯				
					公禧	彥呟	絅夫	
							纘夫	
							綈夫	
							紘夫	
						彥嚋		
						彥喻		
						彥唐		
						彥咈		
						彥味		

			察使叔堵	武翼大夫宜之	承節郎公明	彥仔	康夫	時材
								時梅
						彥僩	浒夫	
							痌夫	
						彥徠	㢒夫	
							㡿夫	
						彥俅		
					成忠郎公曈			
					武翼郎公曚	彥衍	廉夫	
							猒夫	時傴
								時㑁
						彥衝		

贈太中大夫宗之

保義郎公曈
贈太中大夫公頣

彥綝
彥縉
彥絟

僊夫
衡夫
徐夫
循夫
僎夫
侁夫
復夫
偍夫
徑夫
𢓭夫

		贈正奉大夫公碩					秉義郎寧之			武經郎宥之
							公祺	公祥	公禧	忠訓郎公倚
	彥絅	彥紓	彥紆	彥絖	彥綰	彥組				彥球
傊夫	祉夫	浚夫	瀵夫		瀲夫					渟夫

右武威大將軍、康州防禦使叔　瑾

成忠郎寵之　敦武郎先之

公衙　公信　公偉　公誼　公誸　公謨

彥綱　彥紀　彥結　彥簡　彥瀰

侍夫　恙夫

					忠翊郎光之			承節郎堯之	保義郎見之
		公闇	承節郎公石	承節郎公原	公愈		公惠		
彥弦	彥昭		彥剛	彥盍	彥典	彥稵			
轙夫			斐夫	珝夫	澐夫				

		南陽侯	叔礪											
承節郎	亢之	武翼大	夫通之											
			公澤			贈武德	郎公抃						從義郎	公沛
			彥秩				彥榑	彥栻			彥攄	彥飭		
			銳夫	銃夫	肩夫			雄夫	捷夫	慊夫	瑕夫	墱夫		

忠翊郎道之				
贈武翼大夫遵之	贈中奉大夫公芾	彥極	寘夫	時授
				時云
		彥振	宙夫	
		彥搢	絳夫	
			忩夫	
			衮夫	
			徽夫	
			綸夫	
			是夫	
		彥梃	憲夫	

							寓夫					
							湧夫	時修				
							灝夫					
					公佖							
					公侃							
				敦武郎遈之	公旻							
				保義郎速之								
				忠翊郎⿺辶交之	公政							
					公詳							
				迒之	公裳	彥池						
						彥波						
					公霽							

濟陽侯右侍禁		公棐	
叔途	端之		
贈敦武郎叔賦	贈武節郎襘之	武經郎公清	彥咊
			彥奮
		公輿	
武德郎叔緩	忠訓郎誨之		
	承節郎誠之		
	修武郎誘之	公迓	
		公達	彥甭
			彥鼎

樂平郡王承亮，諡恭靖		
太子右內率府副率克權	贈崇信軍節度使克冲	
淮陽郡公叔廉		
武功大夫昱之	三班奉職旻之	忠訓郎曼之
公進	承節郎公邃	保義郎公鎮
彥照	彥榮	彥深
欽夫	鐸夫	鬴夫

			承信郎	公銖	修武郎	公鑑								
彥溥	彥浩					彥淑	彥盼	彥騰		彥朋			彥股	
	茲夫	蓁夫						厲夫	愚夫	紹夫	該夫	約夫	柱夫	洋夫
										時僑				時鑄

		贈朝議大夫望之								
	公錡	左朝散郎公白	贈宣奉大夫公泉							
彥腴			彥將						彥衛	
隆夫			亞夫	良夫	揩夫			搏夫	黔夫	磻夫
					時佐	時升	時仰	時傑		時伸

					成忠郎冒之					承節郎易之	承節郎
				公兒	贈訓武郎公適				承節郎公逌		
彥衍	彥衎		彥術		彥震		彥霰	彥霖			
洙夫	淙夫	添夫			常夫	鉞夫		䈏夫			
	時搢					時敪		時琉			

			信國公叔隴謚榮敏					
東之	武功郎明之	敦武郎受之	高密侯矢之					
			修武郎公澤		武經郎公濟			從義郎公潤
			彥俁	彥修	彥因		彥固	彥興
					鈞夫		明夫	
					時立	時亨		

													安陽侯	逊之
	公泳	忠翊郎	公溉				承節郎	公淨	保義郎	公滿	承信郎	公世	贈濠州	團練使
彥和	彥適		彥仁	彥任		彥偉								
				達夫	通夫									
				時發	時顯									

公言											修武郎公袞	秉義郎公亶
彥夔				彥老	彥履	彥信				彥瑞		
慥夫			謙夫	垚夫	逵夫	著夫		署夫				
時拱	時孜	時敷		時澤		時佾	時俁	時位	時傳			
若洙				若拙								

贈武經大夫公　彥

彥騎　彥常　彥紀

明夫　贛夫　烝夫　恖夫　惎夫　葸夫　戀夫　懇夫

時悅　時淳　時齊　時袞　時毫

														贈武德
		修職郎	公變									忠翊郎	公元	
彥綢	彥鼂		彥英					彥俊		彥豪	彥傑			
	寚夫		烜夫	璜夫			譪夫	迨夫	宣夫					
			時珍	時僊	時倪	時倬	時克							

				大夫仰之	公綬			
					武經郎公綽	彥褒		
						彥東		
						彥隆		
						彥芳		
						彥坰	同夫	
						彥柔		
					承節郎公卓			
				贈武德大夫譽之	武翼郎公憲	彥詵	𠈁夫	時髦
							倧夫	時贇

左侍禁牧之
左侍禁益之
贈武義郎晉之

公紳
公彪
公訓
承信郎公誠
訓武郎公許

彥遐

孚夫
弼夫
琹夫
喆夫
緦夫

保義郎東之　敦武郎頤之　約之　左殿直德之　贈承議郎道之

贈宣教郎公恪

彥逈　彥遏　彥遠　彥邁　彥遊　彥遒

還夫　郯夫　櫄夫

朝奉郎		
公[illegible]	彥諒	仁夫
		傜夫
		僊夫
	彥迪	
訓武郎		
公伏	彥遲	
	彥遭	
承節郎		
公慥	彥伐	
保義郎		
公性	彥遝	
秉義郎		
公惕		
訓武郎		

			三班奉職曠之	三班奉職光之	秉義郎擴之						
公恃		公忬			保義郎公瑾						
彥遞		彥逅			彥遻				彥迩		
仢夫	鑰夫				忠夫	慫夫	忎夫	悆夫	愈夫	恕夫	懿夫

叔皮	嘉國公													
職昪之	三班奉													
公悅	訓武郎	公玠	承信郎	公琉	承信郎	公諫	秉義郎							
彥芮								彥邇	彥逵		彥邀	彥𨑒		
鼎夫										憼夫	悬夫		蕙夫	惠夫
時暘														

	武經郎公識	彥褀		
		彥英		
		彥艾		
東頭供奉官昇之	修武郎公輔	彥琦		
		彥玭	禬夫	
			驤夫	時暢
		彥煥		
修武郎景之				
內殿崇班異之	保義郎公敞	彥縕	侑夫	時幵
			儉夫	

										晁之	從義郎通之	贈武功
									承信郎公玫			
彥綏						彥綑	彥續	彥紜				
僎夫		儷夫			份夫		倬夫	傑夫				
時興	時礜	時萬	時億	時兆	時椿							

大夫畀之

從義郎晏之

秉義郎昌之

左班殿直旻之

鼏之

成忠郎晃之

修武郎暹之

贈秉義郎果之

公持

					忠訓郎曇之	忠翊郎是之	忠訓郎昂之		
忠訓郎公稱							公懋	訓武郎公膺	
彥稼				彥种				彥潭	彥濂
顏夫	曾夫	還夫	閱夫	端夫				雄夫	

		忠翊郎	勗之	承信郎	晟之				敦武郎	縣之	畢之	忠訓郎從義郎	昷之	
	公靡				公廖		公康	公廉		公舉			公諆	
彥浧					彥禱	彥禨							彥茂	彥菖
														楘夫

安康侯叔吳								
左侍禁求之	憲之	秉義郎舜之	左班殿直徵之	綏之				
公諫	承信郎公訥			公仔	公明			
	彥蕡	彥䓘	彥茵	彥著				

	修武郎	保義郎		
	滂之	公寵	彥昭	
			彥砥	
			彥恩	
		保義郎		
		公僕	彥晞	
			彥旴	堣夫
			彥映	
		承節郎		
		公霖	彥堊	
		公伶		
	璘之			
魏國公	忠翊郎			
叔我	翊之			
	武翼大	保義郎		

夫仁之	公憲			
	承信郎公愬			
	朝議大夫公愈	彥潾	詮夫	時譽
			譚夫	
		彥邈	詔夫	
		彥涯		
		彥建		
	公建			
	公逸			
	公邈			
	公遜			
從義郎儀之				

成忠郎
佾之
佟之
价之

魏國公克愉謚文思
太子右內率府副率叔發
魏國公贈左衞大將軍叔才〔三〕
成忠郎負之
公綬
彥確
修武郎公純
彥傳
公和
武翼郎

公紳	彥侁	源夫	時邁
	彥仍	淵夫	
	彥伋		
武節郎公緒	彥修		
	彥綸		
	彥佃		
	彥信	濬夫	
朝奉郎公綢	彥傃	諾夫	
	彥俟	灑夫	
		滮夫	
		沛夫	
		淠夫	
	彥儼	瀚夫	

溫國公叔董			
雄州防禦使象之	贈右金吾衛大將軍資之	右監門率府率淪之	
忠翊郎公縉			
彥蒼	彥佛	彥壽	彥祺
信夫	岦夫	嶔夫	巖夫
時舉			

修武郎溫之	公顏			
	從義郎公岳	彥犇		
		彥伏	瑫夫	
	公道			
右侍禁伉之	保義郎公棨	彥珕	朋夫	時佐
				時佑
			澄夫	時偉
			洪夫	
從義郎麟之	秉義郎公位	彥翰	珁夫	
			瑎夫	
			璙夫	

秉義郎公言

彥昳 彥羴 彥禱 彥邁 彥遵 彥迭 彥邇 彥逌 彥迒

璧夫 彰夫 倘夫 彫夫 璝夫 玿夫 檜夫 堂夫

時祀

左班殿直舉之	敦武郎崇之					成忠郎行之	修武郎用之			武翼郎
	公達	公逵					公進	公遷	公俅	保義郎
	彥儉	彥莘	彥碩	彥題	彥顗					
			瓐夫							

佑之	公彧		
	左朝請郎公彬	彥勉	楠夫
		彥虎	
	秉義郎公彰	彥愷	
		彥恅	檟夫
	從義郎公形	彥劭	
	保義郎公釤	彥勑	
		彥甹	
秉義郎彪之	公禋	彥告	
	公禬		

贈右屯衛大將軍叔藩					清源侯叔紺	
三班借職拱之			秉義郎立之	承信郎廡之	西頭供奉官益之	贈敦武郎和之
公竩	公禪	公祉	忠訓郎公壚		承節郎公震	訓武郎公彥
彥悳			彥澤			彥杆
						侮夫
						時庸

						贈奉國軍節度使進之					
					承信郎公顏		贈武德大夫公顯				
彥掞		彥柄	彥棒				彥篪	彥琽			彥壿
晐夫	鑾夫	倰夫	玐夫	倬夫			烋夫	溳夫	潤夫		諭夫
								時中	時舉	時昇	時英

														忠訓郎
					武翼郎	公頊			修武郎	公頎				
						彥瑁		彥璋		彥珥	彥閩	彥璃		
	誥夫	諡夫	譁夫	諒夫		注夫	昇夫			籛夫		蒙夫	安夫	
時敏	時啓	時和		時俊		時貴				時震				

信之	右侍禁從之	承節郎德之	贈朝散大夫岳之		敎之		承信郎勝之	保義郎
		公淡	朝請大夫公奮	公秦	秉義郎公襄			承信郎
			彥俠		彥興	彥共		
						珉夫		

贈曹州觀察使叔熊

高之　成忠郎戚之　修武郎宜之

公濤　承信郎公洽　承信郎公浹　成忠郎公超

彥滔　彥左　彥右

濟夫　濱夫　清夫

時德

秉義郎能之	忠訓郎公宜	彥玫	嶒夫
			崧夫
	訓武郎公立	彥珏	
		彥璪	
		彥倘	栻夫
			櫄夫
			柜夫
			㮙夫
			柛夫
			棣夫
		彥汋	杓夫
			橓夫
		彥玲	煓夫

成忠郎	百之	忠翊郎	懷之				成忠郎	瑞之			承節郎	純之	德之	承節郎
	公戩	承節郎	公欽	承信郎	公鈐	公鑑		公肅	承信郎	公英				
	彥澤									彥昌				
	鎡夫													

倩之			
迪功郎持之	公進		
保義郎升之	公宗		
	公密		
	公寤		
忠訓郎梃之	公謀		
	公玉	彥材	
		彥梓	
		彥椿	節夫
		彥松	
	公全		
	公至	彥文	

										廣平侯叔源
				修武郎闡之						左班殿直望之
		成忠郎公祗		成信郎公鎮	公鑄	公鉄	公銖	承節郎公銓	公剛	
彥壽	彥祿	彥敵	彥數					彥濾		

左班殿直鎮之	宣教郎忠翊郎賓之	公彧	彥侄	遙夫	
				雖夫	時長
			彥保		
			彥伯	周夫	
				召夫	
				宣夫	
				慧夫	
			彥儺	禹夫	
				文夫	
				武夫	
			彥衕	顯夫	

武經郎忠訓郎修武郎

叔莅												
堅之												
公俊	武翼郎公現		忠訓郎公仔									
彥溥	彥濟	彥澄	彥葑	彥法			彥嶒		彥秩			彥亩
復夫	常夫			飾夫	儻夫	遞夫	證夫	詰夫	郟夫	邢夫	郢夫	

西頭供奉官叔

承節郎裕之
承節郎

公修
承事郎公傅
朝請大夫公介
成忠郎公倧

彥楷
彥鉷
彥皡
彥夤
彥疇
彥涇
彥濟

夒夫

暎				武翼郎叔葰						
元之	承信郎遠之		能之	保義郎得之	忠翊郎衡之	僾之				
	公俊	公惠			公砥	承節郎公確				
						彥馨		彥嶧	彥崎	彥巁
						琔夫	侅夫			

									從之	棕之
承節郎公磌				承節郎公碭						
彥岐		彥嶓		彥豐	彥嶒	彥崝		彥㟩		
汴夫	渓夫	濜夫	漉夫	洴夫	澂夫	頩夫	顯夫	潕夫		

徭之		
	敦武郎叔餤	
		太子右內率府副率克鐲

校勘記

〔一〕洋州郡公　按本書卷八九地理志，洋川是洋州的郡號；宋會要帝系三之二六有贈洋川郡公令犖，疑此應作「洋川郡公」。

〔二〕魏國公叔才　按本書卷二四四魏王廷美傳：熙寧三年，據太常禮院建議，諸王之後都用本宮最長一人封公繼襲。乃以承亮爲秦國公，奉秦王廷美祀，承亮死，「子克愉嗣，克愉卒，子叔牙嗣，元符三年改今封。」東都事略卷一五魏王廷美世家略同。據本表，克愉諸子最長者爲叔發，未封公，無子，當是早卒；其次是叔才；再次是叔蘁；以下無叔牙之名。疑「叔才」當作「叔牙」。